·本书受温州商学院著作出版基金资助·

U0676275

绿色供应链创新投入决策研究

Research on Investment Strategies of Green Supply Chain Innovation

姜明君　著

汕头大学出版社

图书在版编目（CIP）数据

绿色供应链创新投入决策研究／姜明君著．—汕头：
汕头大学出版社，2023.8
ISBN 978 - 7 - 5658 - 5132 - 2

Ⅰ．①绿⋯　Ⅱ．①姜⋯　Ⅲ．①供应链管理－研究
Ⅳ．①F252.1

中国国家版本馆 CIP 数据核字（2023）第 160062 号

绿色供应链创新投入决策研究
LÜSE GONGYINGLIAN CHUANGXIN TOURU JUECE YANJIU

作　　者：姜明君
责任编辑：闵国妹
责任技编：黄东生
封面设计：郭　炜
出版发行：汕头大学出版社
　　　　　广东省汕头市大学路 243 号汕头大学校园内　　邮政编码：515063
电　　话：0754 - 82904613
印　　刷：长沙市井岗印刷厂
开　　本：710 mm×1000 mm　1/16
印　　张：10.5
字　　数：190 千字
版　　次：2023 年 8 月第 1 版
印　　次：2023 年 8 月第 1 次印刷
定　　价：48.00 元
ISBN 978 - 7 - 5658 - 5132 - 2

摘　　要

随着全球对绿色发展需求的不断增强，各国政府都推出了促进绿色发展的政策，相继提出碳中和目标，不断地加强对人们的环保教育，随着人们环保意识的提升，对绿色产品的需求也在不断增加。对于供应链企业来说必须通过生产绿色产品来抢占市场先机，这样传统的供应链管理不得不向绿色供应链管理转变。绿色供应链管理能够实现保护环境、优化资源配置、提高经济效益和履行企业社会责任。绿色创新是生产绿色产品的先决条件，也是推动绿色供应链管理的关键。创新必然需要投入资源，且存在着失败的风险，所以供应链企业会考虑是否进行创新投入。本文从供应商和制造商的非合作创新投入决策入手，分析非合作创新下的供应商和制造商的创新投入策略；然后从合作的角度构建基于成本分担契约的合作创新决策模型；主导权力的转移和成员企业的公平偏好是影响利润分配的重要因素，因此，进一步研究了在不同主导模式下以及考虑公平偏好的绿色供应链创新投入决策及协调问题。

首先，构建基于供应商和制造商的绿色供应链非合作创新投入决策模型，比较分析了各模型的均衡结果，基于各模型的均衡结果分析了供应商和制造商的绿色创新策略；探讨供应商和制造商在固定供应价格和可变供应价格下的创新投入策略。研究发现，在非合作博弈下，固定供应价格时制造商会选择实施绿色创新，而可变供应价格下不会选择实施绿色创新。进一步，构建基于成本分担的绿色供应链合作创新投入决策模型，在集中决策下给出最佳的政府补贴系数，并利用绿色价格比来分析消费者的福利。通过数值算例分析各个模型的均衡结果，研究各参数变化对供应商和制造商的创新投入以及双方最优利润的影响。

然后，在考虑政府绿色补贴及制造商销售努力的情形下，研究绿色供应链的主导模式及协调策略问题。在供应商主导和制造商主导两种不同主导模式下，探讨政府的绿色补贴政策、供应商的创新投入与制造商的销售努力对新产品的定价、销量以及供应链成员企业与系统整体利润的影响。设计"收益共享—成本分担"契约，以实现供应商与制造商各自主导模式下的完美协调。通过数值算例进一步分析比较各个模型的均衡结果和验证模型的正确性。

其次，当制造商具有公平偏好的情况时，构建以供应商提供的产品绿色度为标准的奖惩契约模型。分析在供应商提供的产品绿色度大于或小于制造商需求的标准时，制造商公平偏好程度对产品绿色度、产品价格、制造商利润、供应商利润和供应链整体利润的影响，并分析了不同产品绿色度下的协调条件。供应商和制造商的谈判能力和话语权的不同，会导致渠道力量并不相当，因此，通过选择不同的公平偏好的参照点进一步研究，分析供应商和制造商渠道力量的差异对绿色供应链的整体利润的影响。研究结果表明：当制造商对公平的关注程度和对自身利益的关注程度相等时，绿色供应链的整体利润最大，可以实现供应链的协调；绿色供应链参与主体的渠道力量的差异对整体利润有着显著影响。通过数值算例分析验证了研究结果。

最后，以某新能源汽车企业 A 和某动力电池企业 B 所在的绿色供应链（简称"AB 绿色供应链"）为研究背景进行了实例分析。通过收集企业 A 和企业 B 的经营数据，应用本文构建的创新投入决策模型分析企业 A 与企业 B 的创新投入策略，验证研究结果的科学性与合理性。通过对 AB 绿色供应链创新投入和消费者舆情的分析，给出 AB 绿色供应链创新投入的对策建议，也为新能源汽车供应链绿色创新决策提供理论依据和决策参考。

关键词 绿色供应链；绿色创新；创新投入；决策模型；协调策略

Research on Decision-making Models and Coordination Strategies of Innovation Investment for Green Supply Chain
Abstract

With the increasing global demand for green development, governments of around the world have put forward policies to promote green development, successively proposed carbon neutralization target, and constantly strengthen environmental protection education. With the improvement of environmental protection awareness, the demand for green products is also increasing. For the supply chain enterprises, they must seize the market opportunity by producing green products, so the traditional supply chain management has to be transformed into green supply chain management, which can protect environment, optimize resource allocation, improve economic benefit and fulfill corporate social responsibility. Green innovation is the precondition of producing green products and the key to promote green supply chain management. Innovation inevitably requires investment of resources, and there is risk of failure, so supply chain enterprises will consider whether to invest in innovation. This paper starts with the decision-making of non-cooperative innovation input of supplier andmanufacturer, and analyzes the innovation investment strategies of supplier and manufacturer under non-cooperative innovation, and then constructs the cooperative innovation decision-making model based on cost-sharing contract from the perspective of cooperation. The transfer of dominant power and the fair preference of member enterprises is an important factor affecting profit distribution. Therefore, the decision-making and coordination of green supply chain innovation input under different dominant modes and considering fair preference are further studied.

Firstly, decision-making models of green supply chain non-cooperative innovation investment based on supplier and manufacturer are constructed, and the equilibrium results of each model are compared and analyzed. Based on the equilibrium result, the green innovation strategies of supplier and manufacturer are analyzed and the innovative input strategies of supplier and manufacturer under fixed or variable supply prices are discussed. supply prices. It is found that under non-cooperative game, manufacturer choose to implement green innovation at fixed supply prices, but not under variable supply prices. A cost-sharing based, decision-making model of green supply chain cooperative innovation investment is constructed. The optimal government subsidy coefficient is given under centralized decision-making, and the green price ratio is used to analyze the welfare of consumers. A numerical example is adopted to analyze the equilibrium results of each model, and the influence of each parameter on the innovation investment and the optimal profit of supplier and manufacturer is also studied.

Secondly, considering the government's green subsidy and manufacturer's sales effort, this paper studies the dominant mode and coordination strategy of green supply chains. We discuss the influence of government's green subsidy policy, supplier's innovation input and manufacturer's sales effort on the pricing and sales volume of new products and the overall profit of supply chain member enterprises and systems under two different dominant modes. "Revenue Sharing-Cost Sharing" contract is designed to achieve perfect coordination between the supplier and the manufacturer under their respective dominant models. A numerical example is used to further analyze and compare the equilibrium results of each model and verify the correctness of the model.

Thirdly, when the manufacturer has fair preference, a reward and punishment contract model based on the green degree of the product provided by the supplier is constructed. This paper analyzes the influence of manufacturer's fair preference degree on product green degree, product price, manufacturer's profit, supplier's profit and supply chain whole profit when the green degree of product provided by supplier is larger or smaller than the standard of manufacturer's demand, and discusses the coordination conditions under different product green degree. The difference of negotiation ability and discourse power between supplier and manufacturer will lead to the disparity of the channel power. Therefore, by choosing reference points of different fairness preferences, further research is conducted to analyze the impact of the channel power disparities between supplier and manufacturer impact on overall profit of the green supply chain. The results show that when the manufacturer pays equal attention to equity and self-interest, the overall profit of the green supply chain is the largest, and the coordination of the supply chain can be realized; and that the channel power disparities between the participants in the green supply chain has significant influence on the overall profit. The research results are verified by numerical example analysis.

Lastly, an example analysis is carried out based on the research background of the green supply chain ("ABgreen supply chain") which consists of a new energy vehicle company A and a power battery company B. By collecting the management data of companies A and B, the innovation investment decision-making model constructed in this paper is applied to analyze the innovation investment strategies of these two companies, so as to verify the scientificity and rationality of our research results. Based on the analysis of the innovation input of AB supply chain and the public opinion of consumers, the countermeasures and suggestions about the innovation input of AB supply chain are given. This work also provides theoretical basis and decision-making reference for the green innovation decision-making of the new energy vehicle supply chain.

Keywords   green supply chain; green innovation; innovation investment; decision-making models; coordination strategy

目　　录

摘　要 ·· 1

Abstract ·· 3

第1章　绪　论 ·· 1

1.1　研究背景 ·· 1

1.2　研究的目的和意义 ··· 4

1.3　国内外研究现状及评述 ·· 6

　1.3.1　绿色供应链研究现状 ·· 6

　1.3.2　绿色创新的研究现状 ·· 9

　1.3.3　考虑公平偏好的绿色供应链研究现状 ············· 11

　1.3.4　考虑政府补贴的绿色供应链研究现状 ············· 13

　1.3.5　研究现状评述 ··· 14

1.4　主要研究内容与方法 ·· 16

　1.4.1　研究内容 ·· 16

　1.4.2　研究方法 ·· 17

　1.4.3　技术路线 ·· 18

第2章　绿色供应链创新投入决策及协调的系统分析与研究框架设计 ······ 19

2.1　绿色供应链与创新投入的概念及其关系 ··················· 19

　2.1.1　绿色供应链的含义 ··· 19

　2.1.2　绿色创新及创新投入的含义 ···························· 20

　2.1.3　绿色供应链与创新投入的关系 ························· 21

2.2 绿色供应链创新投入系统分析 ……………………………… 22

2.2.1 绿色供应链的绿色创新系统 ……………………… 22

2.2.2 基于绿色创新的供应链企业运营分析 ………… 24

2.2.3 绿色供应链创新投入的影响因素 ……………… 26

2.2.4 绿色供应链创新的协同运行 …………………… 29

2.3 绿色供应链合作创新的利益分配与协调机制 …………… 31

2.3.1 利益分配原则 …………………………………… 31

2.3.2 利益分配影响因素 ……………………………… 33

2.3.3 利益分配模式 …………………………………… 34

2.3.4 利益分配协调机制 ……………………………… 35

2.3.5 利益分配方法 …………………………………… 36

2.4 总体研究框架 ……………………………………………… 37

2.5 本章小结 …………………………………………………… 38

第3章 绿色供应链非合作创新投入决策模型 …………………… 40

3.1 问题描述与基本假设 ……………………………………… 40

3.2 不同创新主体的创新投入决策模型 ……………………… 41

3.2.1 供应商创新投入决策模型 ……………………… 42

3.2.2 制造商创新投入决策模型 ……………………… 45

3.3 创新投入实施策略博弈分析 ……………………………… 51

3.4 供应链双方创新投入决策模型 …………………………… 52

3.5 数值仿真及管理启示 ……………………………………… 55

3.6 本章小结 …………………………………………………… 60

第4章 绿色供应链合作创新投入决策模型 ……………………… 62

4.1 基于成本分担的合作创新投入决策模型 ………………… 63

4.2 政府补贴系数与消费者福利分析 ………………………… 67

4.2.1 政府补贴系数分析 ……………………………… 67

4.2.2 消费者绿色福利分析 …………………………… 70

4.3 数值仿真及管理启示 ……………………………………… 71

4.4 本章小结 …………………………………………………… 78

第5章 不同主导模式下绿色供应链创新投入决策模型及协调策略 ········ 79

5.1 问题描述与基本假设 ··· 80

5.2 不同主导模式下绿色供应链创新投入决策模型 ··············· 80

   5.2.1 基本模型 ··· 80

   5.2.2 供应商主导的 Stackelberg 决策模型 ···················· 81

5.3 均衡结果分析 ·· 87

   5.3.1 政府补贴对创新投入的影响分析 ······················· 87

   5.3.2 消费者绿色偏好对创新投入的影响分析 ················· 88

   5.3.3 两种主导模式下均衡结果的比较分析 ··················· 90

5.4 不同主导模式下绿色供应链创新投入协调策略 ··············· 93

   5.4.1 供应商主导模式下的协调策略 ························· 93

   5.4.2 制造商主导模式下的协调策略 ························· 94

5.5 数值仿真及管理启示 ··· 95

   5.5.1 政府补贴对均衡结果的影响 ··························· 96

   5.5.2 消费者绿色偏好对均衡结果的影响 ···················· 98

5.6 本章小结 ·· 104

第6章 考虑公平偏好的绿色供应链创新投入决策模型及协调策略 ····· 105

6.1 问题描述与基本假设 ··· 106

6.2 公平偏好下基于奖惩契约的创新投入决策及协调 ············· 107

   6.2.1 基于奖惩契约的创新投入决策模型 ···················· 107

   6.2.2 改进"ERC"公平偏好模型 ··························· 108

   6.2.3 公平偏好下奖惩契约协调 ··························· 109

   6.2.4 协调契约的有效性分析 ····························· 112

6.3 基于渠道力量的创新投入决策及协调分析 ···················· 113

6.4 数值仿真及管理启示 ··· 115

6.5 本章小结 ·· 120

第7章 实证研究 ··· 122

7.1 新能源汽车产业及其动力电池供应链发展概况 ·············· 122

7.2 实证背景介绍 ·· 127

7.2.1 新能源汽车企业 A 发展背景 ……………………… 127

7.2.2 动力电池企业 B 发展背景 ……………………… 128

7.3 AB 绿色供应链实证分析 ……………………… 130

7.3.1 AB 绿色供应链创新投入分析 ……………………… 130

7.3.2 促进 AB 绿色供应链创新投入的对策建议 ……………… 134

7.4 本章小结 ……………………………………………… 138

结　论 …………………………………………………… 139

参考文献 ………………………………………………… 142

《 第 1 章 》
绪 论

1.1 研究背景

经济社会的发展离不开资源和环境的支撑,又反过来作用于赖以生存的资源和环境。在整个人类社会的发展过程中,这一矛盾贯穿始终。截至目前,全球不可再生资源,如铜、石油、天然气等的可开采年限急剧缩短,世界各国不得不更多地使用太阳能、风能等可再生能源。同时,水、空气、土壤等人类赖以生存的环境,也遭受了巨大破坏,以中国为例,据监察部的统计数据,近几年,国内的年均水污染事故多发,重大污染事故不断发生,环境保护部发布的《2019 年中国生态环境状况公报》中,337 个城市累计发生严重污染 452 天,比 2018 年减少183 天;重度污染 1666 天,比 2018 年增加 88 天。有的地区重污染情况甚至超过一百天。纵观欧美发达国家的工业化发展历程,多数都走了一条先污染、后治理的道路,在经济快速发展的同时,它们都曾深受环境问题的困扰,付出了沉重的代价。截至目前,全球仍有半数以上的国家和地区仍处于工业化的进程中,如果不提高资源的使用效率、不采取措施保护环境,以现有资源和环境的承载能力,将很难支撑全球经济社会的可持续发展。

资源是经济发展的基本要素,过去经济的快速发展在消耗大量不可再生资源的同时，也破坏了生态环境，甚至影响了人们的日常生活。时至今日，人们意识到人类的发展需要与环境和谐共生，需要节约资源、减少污染、走绿色可持续发展的道路。由于过去无序的发展使自然资源减少、疾病率上升和由于工业污染所导致的全球气温上升已经引起了社会广泛的关注。环境问题已经成为现今社会一个亟待解决的问题，虽然环境保护取得了一定的成效，但环境保护不是一劳永逸的，保护生态环境仍然是一个艰巨的任务[1]。

日益减少的自然资源和逐步恶化的生态环境，促使人类社会加快了对经济社会发展模式的反思，越来越多的国家开始采取措施，制定相关的法律和法规，引导企业高效利用资源、重视环境保护。以 1972 年联合国举行的人类环境会议为起点，全球各国第一次正式关注环境保护，会议呼吁各国采取积极的措施保护环境，实现人类与环境的可持续发展。随后，世界各国和环保机构相继采取一系列措施，敦促企业履行社会责任。1992 年，联合国通过了《联合国气候变化框架公约》，成员国约定，要全面控制各国温室气体的排放减少经济活动对全球气候的破坏，以实现可持续发展。2005 年，欧盟开始实施针对废旧电子、电气等设备的法规，明确规定在欧盟销售的电器类产品的报废、回收、处理和再循环工作由生产商承担。2009 年，美国通过了一项再投资法案，要求重点发展绿色能源和生产绿色产品，从国家层面引导企业开展绿色持续、实现绿色发展。生态环境的恶化是一个全球问题，现在全球上还有很多发展中国家处于粗放型发展模式中，仍然以破坏生态环境为代价换取其经济发展[2]。人类只有一个地球，要倡导"人类命运共同体"的意识，要为人类的未来负责，所以需要全世界各个国家共同努力保护生态环境。不可再生能源的消耗和日益恶化的生态环境，促使人们思考如何做好环境保护，如何在保护生态环境的同时实现可持续发展。时至今日，世界各国都为了人类的生存和发展，出台了一系列法律法规，采取了有效措施来保护生态环境。我国作为一个占世界五分之一人口的发展中国家，我国做好环境保护对整个世界是非常重要的，所以我国非常重视保护生态环境。在习近平生态文明思想的引领下，出台了一系列的政策和法律法规，2020 年提出"碳达峰，碳中和"的目标承诺，这体现了一个大国的担当，这将为全世界的环保事业做出巨大贡献，也能够进一步提高我国的国际声誉和国际影响力。

作为一个发展中国家，中国虽然在环境保护方面的起步不早，但是重视程度很高，围绕循环经济、新能源汽车、大气治理等方面，都制定了相关法律法规，进一步完善了绿色产业发展的政策环境。"十九大"将生态文明、绿色发展、"两山论"提到一个前所未有的政治高度，并将三者紧紧地联系到一起。2015 年 5 月 19 日，国务院正式印发的《中国制造 2025》中明确提出了绿色制造工程。2018 年 6 月 27 日《打赢蓝天保卫战三年行动计划》（称为"新大气十条"）出台。这表明了国家对绿色发展、生态文明建设的坚定信念。以新能源汽车的发展为例，2014 年 6 月，国家主席习近平就发展新能源企业指出，做大做强新能源汽车这个产业，是中国从汽车大国转变为汽车强国的关键所在，要加快掌握这个产业的核心技术，把发展的主动权牢牢控制在自己手中。随着消费者绿色偏好以及政府规制的提升，购买绿色产品已经成为一种趋势。对于一个旨在可持续发展和追求较高的长期利润的制造商来说，绿色生产会成为其战略决策的重要组成部分。为满足消费者不同的绿色需求，制造商会提供不同绿色水平的产品。由于绿色生产会带来较高的生产成本，因此，政府会制定相应的补贴与税收机制来支持绿色产品的生产与促销。

2020 年我国为了加强环境保卫战的保障措施，为助推高质量发展编制了《"美丽中国，我是行动者"提升公民生态文明意识行动计划（2021 – 2025）》，引导人们积极参与到环境保护工作当中。随着人们对保护生态环境意识的提高，对保护环境越来越重视，越来越多的人愿意为改善生态环境质量而去改变自己的生活方式，人们的低碳生活方式将会使绿色产品的需求不断地增加。南德意志集团是全球知名的认证服务机构，在 2011 年对中国消费者做了一项调查，认为中国 99% 的城市消费者对绿色的关注程度很高，中国的"绿色消费"市场在不断壮大，发展绿色产业的市场巨大[3]。进入 21 世纪后，我国的电子商务迅速发展，物流伴随着电子商务的发展也越来越发达，很多企业结合电子商务发展，搭建网络商城，实现 O2O 发展模式，随着供应链上的竞争加剧，未来的产业的资源要素将会进一步上移，实现制造商和消费者的直接对接，这就是 C2M 电商模式，这也是一种新的供应链，这种"去零售商"的供应链也是未来供应链的发展趋势[4]。

为了提高企业的环境绩效和市场竞争力，政府出台一系列的环境规制的政策，促进企业淘汰能耗高、污染重、技术落后的产能，促进企业生产低能耗、生态环保的产品。随着消费者对绿色产品偏好的增加，普通产品的销量会越来越少，绿色产品需求越来越大，在政府规制和消费者需求下企业不得不将传统产业改造升级，生产更低碳环保的绿色产品，这需要绿色创新，创新本身就是可持续发展的源动力[5]。绿色创新是发展绿色产业的源泉，绿色创新能够为企业抢占市场先机，生产绿色产品能够提高产品价值，能够在实现环境绩效的同时增加经济收益[6]。这是企业实现经济和环境可持续发展的必然选择，需要对产品的全生命周期实施绿色供应链管理。原材料是这个过程的最初源头，节能环保的原材料会更受制造企业欢迎，原材料的绿色创新作为绿色产品的创新源头显得尤为重要[7]。绿色创新需要消耗一些人力、物力、财力等生产要素，也就是说绿色创新需要投入成本，绿色创新投入后绩效如何，是自己独立创新，还是和其它企业合作创新，这都是企业需要考虑的问题。

综上所述，在生态环境保护的迫切需求下，在政府规制和消费者对绿色产品偏好日益增强的今天，发展绿色经济、发展绿色供应链显得尤为重要，绿色创新是绿色供应链的源动力，显然，绿色供应链的绿色创新投入决策是一个值得研究的问题。

1.2 研究的目的和意义

本文研究的内容为绿色供应链的绿色创新投入决策及协调问题，以简洁和突出主题为目的，将题目定为"绿色供应链创新投入决策及协调策略研究"，因此，下文绿色供应链的"创新"指的是"绿色创新"，"创新投入"指的是"绿色创新投入"。本文将供应链理论与博弈论相结合，分析绿色供应链绿创新投入的必要性，阐述在非合作博弈下绿色供应链成员企业创新投入的博弈关系；针对绿色供应链中企业决策方式的不同，建立绿色供应链的创新投入决策模型，并分析出不同博弈模型下最优的创新投入，提高绿色供应链企业以及整体的利润。合作创新能够使绿色供应链企业实现共赢，合作创新需要解决盈利后的利润分配问题，一个合理的利润分配机制能够促进绿色供应链的发展，也能够稳定合作伙伴之间的合作关系，因此通过本研究找出合作创新的最优成本分担系数，为绿色供应链合作创新策略实施提供理论支持。通过不同主导模式下的创新投入决策，分析领导力的转移对绿色供应链的影响，为不同主导模式的绿色供应链的创新投入决策及协调提供参考。

通过本文的研究能够充实绿色供应链领域的研究内容，本文研究的绿色供应链创新投入决策及协调问题，丰富绿色供应链管理理论，为绿色供应链企业创新投入决策提供方法指导。具体如下：

（1）从理论意义角度来看，本文的研究充实和拓展了绿色供应链的理论研究，考虑了政府补贴与公平偏好对绿色供应链企业创新投入决策的影响。考虑供应链主导权力不同会给绿色供应链带来影响，在考虑创新投入和销售努力的情况下分别从供应商主导、制造商主导两种模式来分析绿色供应链的创新投入，考虑政府补贴、公平偏好、不同主导模式的绿色供应链的研究为绿色供应链理论提供了新思路。基于绿色供应链内部的奖惩契约进一步地引入公平偏好理论研究创新投入决策问题，丰富和拓展了绿色供应链创新决策研究，为绿色供应链的创新投入策略选择提供了理论支持。

（2）从对绿色供应链企业实际操作来看，企业要响应国家号召摆脱过去传统的高能耗的生产方式，生产低能耗的绿色产品，构建绿色供应链，促进企业实施创新，这是供应链企业的必然的选择。为了降低创新风险绿色供应链企业会寻求与其上下游企业合作创新，保持长期的合作关系要从合理的利润分配机制入手。基于以上考虑，构建绿色供应链创新决策博弈模型，分析不同的创新策略对绿色供应链的影响，设计合理的协调机制，保障各方利益，促进合作创新。本文的研究为绿色供应链的绿色创新有着一定的实践指导意义。

（3）从消费者角度来看，随着政府对环境的重视，不但企业会采取一定的措施，也会引导消费者提高对环境保护的意识，消费者环保意识的增强，会使绿色消费的队伍不断的壮大，为了满足消费者需求，企业实施创新占领绿色产业市场，生产更环保的差异化产品，这将是企业面临的新挑战。由于现在绿色供应链管理还不够成熟，需要企业寻求合理的创新策略，保障满足消费者的绿色需求的同时要实现经济效益最大化，同时也能够提升消费者的绿色福利，这是绿色供应链创新重要解决的问题。

从上述内容来看，本文的研究紧扣时代主题，无论在理论上还是实践上都有一定的意义，拓展了绿色供应链中绿色创新研究领域，研究结果将有助于绿色供应链企业决策者了解其组织如何有效地实施绿色创新，有助于政府制定涉及环境问题的绿色供应链的促进政策。

1.3　国内外研究现状及评述

目前关于绿色供应链与绿色创新研究的相关文献，将其分为以下四方面进行阐述。

1.3.1　绿色供应链研究现状

通过阅读绿色供应链相关的最新研究进展，将相关文献做出了如下总结。绿色供应链的文献通过整理可分为四个方面：（1）绿色供应链管理的影响因素研究；（2）绿色供应链管理与绩效评价研究；（3）绿色供应链的运作技术研究；（4）绿色供应链的决策与协调研究。

1.3.1.1　绿色供应链管理的影响因素研究

绿色供应链管理的影响因素一般可分为内部因素和外部因素。在内部因素研究方面，Testa 对绿色供应链管理的决定因素和影响进行了分析，认为内部因素主要有决策者实施绿色供应链管理的意识、客户和消费者的压力、供应链中上下游企业的参与[8]。Drohomeretski 认为企业实施绿色供应链管理的主要动机与降低成本相关，通过生产绿色产品满足消费者市场的需求，并满足法规要求，实施绿色供应链管理更侧重于内部流程、供应商选择、生态设计、包装管理等内部因素[9]。Singh 利用结构方程模型，分析绿色供应链的影响因素，通过分析发现绿色流程创新和绿色组织创新对企业绩效有显著影响[10]。Sarkis 应用网络层次分析法（ANP）对影响绿色供应链管理的要素进行评估分析，结果表明产品生命周期、运营生命周期、组织政策、性能指标和环境影响指标是改善绿色供应链的关键要素[11]。Duc 探讨绿色供应链管理（GSCM）及其影响因素，分析了各因素如何影响绿色供应链管理实践和绩效，考虑了内部绿色意识、供应商压力、消费者意识、法规压力对绿色供应链的影响[12]。Jum 采用问卷调查和结构方程模型（SEM）对影响制造业的绿色供应链管理因素进行分析，结果表明，供应商、生态环境、消费者和成本四个因素显著影响管理者采用绿色供应链管理的意愿，企业规模和内部因素显著影响实施绿色供应链管理[13]。Gao 应用模糊综合评价和决策试验与实验室（DEMATEL）相结合的方法分析了中小企业绿色供应链管理容易失败的原因，认为关键的失败因素包括缺乏最高管理层的支持、当局的指导不力、供应商选择困难和供应商承诺不足[14]。

1.3.1.2 绿色供应链管理与绩效评价研究

朱庆华认为绩效评价是评价绿色供应链企业的管理水平，是指导企业实施绿色供应链管理的重要手段，并分析了绿色供应链评价的指标体系和绿色供应链绩效评价的方法[15]。Sang 的研究证实了实施绿色供应链管理能够保持组织的竞争优势和绩效，绿色供应链企业通过降低成本、减少资源有利于企业的环境绩效[16]。Jakhar 以实现经济增长和环境保护为目标，采用结构方程模型（SEM）、层次分析法（AHP）和多目标线性规划（MOLP）的综合方法评估了供应链的绿色绩效[17]。Enterprises 构建了制造业绿色供应链实践和绩效管理的指标体系，确定了 8 个一级指标和 31 个二级指标，采用层次分析法对关键指标进行分析和排序[18]。Aslam 采用实证研究范式，通过调查收集定量数据对绿色供应链管理进行实证研究，分析了绿色采购、绿色创新、绿色生态设计对企业品牌形象的影响[19]。Cousins 收集了 248 家英国制造企业的调查数据，使用层次分析法进行分析，结果表明，绿色供应链管理（GSCM）与改善环境和降低运营成本相关，绿色供应链管理有益于环境绩效，并建议管理者建立可追溯性供应链[20]。Chuang 提出了一种包括定义、测量、分析、改进和控制的五阶段的复合方法来评估和改善绿色绩效[21]。Daddi 认为绿色供应链管理能力对绩效产生积极影响，并直接影响市场竞争力[22]。王凯旋考虑农产品的特殊性，采用模糊综合评价与灰色聚类法相结合的方法对某绿色农产品供应链进行了绩效评价[23]。

1.3.1.3 绿色供应链的运作技术研究

绿色供应链的运作技术主要包括制造商对供应商的评估和选择、如何支持绿色采购、绿色产品设计、库存策略等一些运营相关的策略。供应商评估与选择在绿色供应链管理中起着举足轻重的作用，在绿色供应商的评估与选择方面，Lu 基于层次分析法（AHP）对绿色供应商进行绩效评估，在满足环境规制标准下，通过绩效评估以促进环境改善[24]。郭媛媛依据低碳理念建立了一个多产品、多目标的整数规划模型对供应商进行评价和选择，并通过案例验证模型的有效性[25]。徐建中将遗传启发式属性权搜索策略与模糊多准则 VIKOR 相结合，构建绿色供应商评价指标体系，利用数据挖掘与多准则决策分析方法进行分析，结果表明该方法能够有效地降低供应商选择的复杂程度[26]。Ghoushchi 将数据包络分析（DEA）与遗传规划算法（GP）相结合，改进 DEA－AI 模型来进行供应商评价和选择。该模型由两步组成，第一步确定每个供应商的最佳技术效率得分，第二步用自适应模糊神经推理系统进行改进[27]。Awasthi 应用模糊多准则方法（TOPSIS）评估供应商的环境绩效，然后，通过评估结果选择环境绩效最高的备选方案[28]。Chung 研究了绿色产品设计、新技术发展和再制造对生产库存政策的影响，并开发了一个集成绿色部件生命周期的库存模型，分析了生产库存模型的补货策略[29]。Mohammed 构建了基于多目标规划模型的三级供应链，目的是以运输成本最小化和环境绩效最大化为目标来制定产品的销售计划[30]。Nakhjirkan 提出了一个基于供应商、制造商、零售商和消费者层面的路径—位置—库存的多层次绿色供应链模型，该模型的目标是寻找成本最低的绿色供应链，通过分析与实证证明该模型在解决绿色供应链选址—库存—路径问题是实用的[31]。

1.3.1.4 绿色供应链的决策与协调研究

绿色供应链决策的研究已经成为绿色供应链研究的主流。在绿色闭环供应链决策研究方面，He 以废旧产品的回收效率为视角研究了具有竞争的闭环供应链的回收效率和顾客行为，发现零售商回收会削弱再制造的成本优势[32]。Genc 研究了基于废旧产品返利行为的绿色闭环供应链的最优返利机制，发现在可变回扣政策下总体利润更高[33]。李建斌从回收和再制造的角度研究了绿色闭环供应链的在线报价机制[34]。高举红基于产品绿色度和销售努力构建了零售商主导的闭环供应链决策模型，并分析绿色度和销售努力对绿色供应链的影响[35]。杨渠基于消费者偏好构建了绿色供应链集中决策和分散决策模型，通过分析发现风险规避的制造商对产品价格的影响显著[36]。Yun 基于一个制造商和多个供应商构建了绿色供应链的 Stackelberg 博弈模型，利用解析法和遗传算法确定博弈均衡解，并分析了不同参数对绿色供应链及其成员的利润的影响[37]。Ghosh 认为对于任何特定的零售商来说，消费者对其产品的需求是产品绿色度和销售价格的直接结果，并构建了绿色供应链决策模型，计算出零售商的销售努力、批发价格、产品绿色度以及销售价格的均衡结果，并通过改变市场需求、价格弹性系数、绿色消费意识和销售努力对模型进行了敏感性分析[38]。Madani 建立了以政府为主导的绿色和非绿色供应链决策模型，讨论了政府参与下绿色供应链竞争中的绿色决策问题，并分别确定绿色产品和普通产品的补贴和税率[39]。

绿色供应链协调研究是绿色供应链决策理论的重要分支，目前，有关绿色供应链的产品定价及协调研究已经取得一定成果，如 Raza 针对制造商与零售商的绿色供应链系统研究了库存定价和企业社会责任投资决策与协调问题[40]。部分学者针对绿色闭环供应链的定价及协调决策进行了研究，如 Giri 等研究了当市场需求受产品的价格、保质期及绿色水平共同影响时，探讨了绿色闭环供应链的最优决策及协调问题[41]。Zhen 等研究了不确定需求下绿色闭环供应链的网络设计问题，并提出了 CO_2 排放量和总运行成本两个约束条件下的双目标优化模型[42]。

1.3.2 绿色创新的研究现状

1.3.2.1 绿色创新的概念与分类

绿色创新的定义并没有一个统一的说法，现在学者们对绿色创新的理解主要有以下三种，第一种是引入产品绿色创新绩效，认为绿色创新有助于企业提高竞争力，环境绩效的改善能够减少生产排放，绿色创新能够减少产品对环境的负面影响，绿色创新目的是保护生态环境，绿色产品比普通常规产品有更高的环境效益，绿色创新可以作为企业实现可持续发展的一种手段[43]。Gema 认为绿色创新是开发绿色产品创新或服务创新，将环境可持续性问题纳入到业务战略，将创新过程绿色化，目的是遵守环境保护方面的法律法规、增强竞争力、获得合法性，最终目标是提高企业的生存能力和经济绩效[44]。Lee 认为绿色创新是在市场上取得环境和经济成功的关键因素之一，通过技术整合为环境要求高的客户和市场开发绿色新产品，绿色创新可以带来环境和商业上的成功[45]。第二种认为绿色创新主要目的是保护环境，绿色创新可以尽量减少环境污染，节能减排、使用可再生能源，如把绿色创新等同于环境可持续创新，包括绿色产品设计和生产绿色产品、采用新技术工艺整合经济与生态环境的创新[46]。Jens 认为绿色创新目的是在产品生产过程中消除环境外部负效应，导致企业开发新的绿色产品和生产过程，绿色创新是在传统创新理论上考虑环境政策和制度因素影响的创新[47]。Tseng 认为绿色创新将运营污染、危险排放和能源消耗对环境的负面影响降至最低，应该广泛关注在管理、流程、产品和技术创新方面对环境方面的影响，并用案例分析确定了适当的绿色创新标准[48]。Singh 将绿色创新分为绿色产品创新、绿色流程创新和绿色组织创新，绿色创新在商业周期的后期将被采用，以降低与之相关的高成本[49]。第三种是考虑产品从原材料采购到消费者的全过程为了减少环境风险、节约资源的软硬件相结合的创新[50]。Triguero 探讨了欧洲中小企业不同类型绿色创新的驱动因素，认为供给侧、需求侧和监管因素能够促进不同类型绿色创新，供给侧因素是环境过程和组织创新的驱动力[51]。绿色创新专注于减轻或最小化因不同商业活动而造成的环境和精神损害，绿色创新对于发展新客户和保持客户满意度至关重要，绿色创新可以同时提高环境效益和客户满意度，将绿色创新分为技术创新、管理职能创新、生产制造过程创新、产品设计创新[52]。

总之，绿色创新应该涉及到企业经营过程的各个环节，最终目标是实现节能减排、高质量生产，实现经济绩效和环境绩效的双赢。

1.3.2.2 绿色供应链管理中的绿色创新研究

最近，关于绿色创新的商业案例分析方面的研究受到学者的广泛关注，大多数研究是为了寻找绿色创新的最佳实施方式。随着环境保护的迫切需要，企业实施绿色创新势在必行，这也是企业生存和发展的关键所在，对于企业来说要理清绿色供应链和绿色创新的关系十分重要。Hall 分析了企业为什么应该投资绿色创新或"绿色供应"活动，大型高知名度公司面临着来自广泛利益相关者的压力，需要改善其环境绩效，这是因为环境绩效不佳的企业面临高水平的环境风险，实施绿色创新取决于环境压力、公司能力以及制造商能够控制其供应商的程度[53]。Torugsa 认为企业自愿采取积极主动地履行企业社会责任（CSR）的效益超越监管要求的效益，所以企业应当积极主动地实施绿色创新来支持可持续的经济、社会和环境发展，从而为社会做出广泛和积极的贡献，绿色供应链管理对绿色创新有积极影响，绿色创新对企业绩效有积极影响[54]。Marcon 鉴于企业对环境可持续创新的不断需求，并考虑到跨国贸易对本地和全球可持续发展的影响，抽样调查了跨国公司在开发产品、流程、组织和营销的绿色创新，平衡商业利益和环境可持续发展，认为企业从被动的环境行为转变为主动的绿色创新有利于跨国公司环境绩效和经济绩效[55]。Lisa 认为供应链企业需要在绿色创新方面进行合作，开发生产绿色产品，这些产品通常使用更少的能源，更低的碳排放量，并采用更环保的材料，这有利于提高企业形象和环境绩效，合作绿色创新需要合作伙伴具备环境专业知识，并能为合作伙伴贡献新的知识或技术，供应链内部进行知识管理十分重要[56]。Wu 认为供应商、消费者和内部整合能够提升产品绿色度和绿色创新水平，内部环境管理对创新绩效有着显著影响[57]。良好的内部环境，离不开企业决策者对环境问题的重视，只有领导者意识到它会影响企业未来发展，意识到绿色创新是政府规制和市场的必然选择，才会以积极的态度实施绿色创新[58]。

1.3.2.3 绿色供应链创新投入研究

在绿色供应链创新投入方面的相关研究刚刚起步，现有研究还不够全面，在少数的研究中，马媛认为创新投入对企业收益有着正向促进作用[59]。Khan 认为智力资本极大地鼓励了绿色供应链管理，并显著地促进环境绩效，创新投入能够改善经济和环境绩效[60]。Liu 等构建了产品绿色度与创新投入成本间的关系模型，主要研究了制造商与零售商间竞争、两个零售商间竞争以及消费者的绿色意识对绿色供应链各成员企业绩效的影响[61]。Yong 的研究发现市场需求能够促进绿色产品创新和企业绩效，企业为了满足市场需求会增强创新投入[62]。姜明君研究了具有公平偏好的制造商的绿色供应链创新投入问题，认为在信息不对称下创新投入水平与公平偏好无关[63]。Wu 从绿色投资的角度，研究了投资在绿色供应链创新中的作用，认为合作伙伴的社会责任不仅在具体投资绿色供应链创新绩效环节中起调节作用，而且在知识转移和绩效环节中也起调节作用[64]。Saunila 探讨了在可持续性方面推动创新投入和开发的因素，认为绿色创新是由经济和制度压力驱动的，这种创新可以在社会可持续性方面创造价值[65]。Song 以定性和定量相结合的方式定义和分析了绿色供应链，构建了考虑创新投入的绿色投资成本优化（GICO）模型，并确定了最佳投资点[66]。

总之，上述文献表明绿色供应链管理确实可以带来绿色创新，绿色创新与绿色供应链的关系要从系统角度考虑，在绿色供应链中绿色创新的理念应该被供应链中所有利益相关者接受，现如今绿色发展理念处于起步阶段，很多的"绿色"依靠终端的节能减排，而绿色创新的目的是从源头到终端解决环境负面效应，绿色供应链上的绿色创新应在各个节点寻求绿色创新，从而减少环境的负效应，提高绿色供应链整体的竞争优势和绿色绩效。

1.3.3 考虑公平偏好的绿色供应链研究现状

行为因素对供应链的决策结果有一定影响已经被广泛认同，现实中有一些决策者对利益分配的公平性极为关注，目的是追求合理的利益分配而保持长期的合作关系。大多数考虑公平的绿色供应链决策与协调研究时引入公平偏好理论，有的研究也称之为公平关切。公平偏好理论被广泛地应用到经济学和激励理论研究中，通常认为决策者的自私是有限的，在纯粹"理性人"的假设中无法解释一些实际的博弈结果，绿色供应链在利益分配方面需要公平，收入分配公平偏好模型主要有 F－S 模型和 ERC 模型两种：

（1）F－S 模型是 Fehr 和 Schmidt 在 1999 年建立的公平偏好模型，简称 F－S 模型[67]。F－S 模型主要考虑的是收入分配的公平，将自身收益与其它参与主体的收益进行比较，基本模型表示如式（1－1）：

$$\mu_1\left(x_i - \alpha_i \frac{1}{n-1} \sum_{j \neq i} \max\{x_j - x_i, 0\} - \beta \frac{1}{n-1} \sum_{j \neq i} \max\{x_i - x_j, 0\}, i, j \in \{1,$$
$$2 \cdots n\} \qquad (1-1)$$

其中：x_i 表示的是第 i 个参与主体的收益，x_j 表示的是第 j 个参与主体的收益，a_i 表示当 i 的收益小于 j 时的嫉妒心理强度，β_i 表示当 i 的收益大于 j 时的自豪心理强度。

（2）ERC 模型是 Bolton 和 Ockenfels 在 2000 年建立的公平偏好模型，是充分体现出决策群体间的公平、互惠和竞争的理论，称其为 ERC 模型[68]。它主要是将自身的收入与参与决策群体内的平均收入比较，ERC 的基本模型是令参与主体的效用函数为 u_i（π_i，σ_i）。

其中：π_i 表示第 i 个参与主体的收益，$\delta_i = \dfrac{\pi_i}{\sum \pi_i}$，表示第 i 个决策主体在决策群体中的收入占比，并设定当 $\sigma_i = \dfrac{1}{n}$ 时取值最大。

两个模型相比，F－S 模型是将自身收入与群体内其它参与主体逐个比较，而 ERC 模型是与群体的平均收入比较，F－S 模型的特点比较适用于信息对称条件下，而 ERC 模型的特点比较适合在信息不对称条件下。

在考虑公平偏好的绿色供应链决策研究中，Zhou 提出一个新的框架来探讨公平关切行为，应用结构方程模型进行实证分析，发现知识共享在供应链的绿色创新中起着关键作用[69]。Sang 在三种博弈模型中探讨了参考价格效应和公平偏好对于绿色定价和制造策略的影响，结果表明，在同时考虑参考价格效应和公平偏好的环境下，零售商利润得到提高，产品绿色度、价格均有所下降[70]。Li 研究了绿色供应链价格和碳减排决策，认为当减排成本很高时，零售商会表现出公平关切，碳减排成本越低，公平关切对制造商利润的影响越大，对零售商利润的影响较小[71]。Liu 研究了绿色供应链中公平偏好对定价和供应链成员企业利润的影响，关注公平的制造商希望冒损失的风险来平均分配渠道利润，与分散模型相比，当制造商关注公平时，批发价格和产品销售价格都会下降，制造商的公平意识会增加整个供应链的利润，并影响其自身的环境质量决策[72]。

　　Sharma 研究了一个制造商和一个零售商组成的两级供应链系统中供应链成员的公平偏好行为，假设制造商致力于提高产品的绿色度，并通过零售商将产品销售给消费者，构建了基于制造商主导和零售商主导的 Stackelberg 博弈决策模型，研究结果表明，在零售商主导模式下制造商的利润有所下降，而产品的绿色度、零售商利润有所增加；制造商的批发价格和零售商的销售价格在制造商具有公平偏好中是非单调的，在零售商具有公平偏好中产品的绿色度、制造商利润和整个绿色供应链的利润都在增加，而零售商的利润在下降[73]。Jian 建立了制造商具有公平偏好情况下的集中决策和分散决策的闭环供应链 Stackelberg 博弈模型，设计了一个利益共享契约进行协调，结果表明当制造商具有公平偏好是不利于绿色产品的环境绩效，同时也迫使零售商减少销售努力，提高产品的销售价格，绿色供应链整体效益受到损害，收益共享契约可以改善供应链成员之间的关系来实现供应链的可持续发展[74]。黄嘉敏在研究绿色供应链的决策与协调问题中，考虑了公平偏好因素，构建了不同的主导模式下的绿色供应链的博弈模型，并分析了公平偏好对绿色供应链绩效的影响[75]。林志炳研究了零售商公平偏好行为对绿色供应链系统渠道性能的影响，认为公平偏好会抑制"搭便车"行为[76]。

1.3.4　考虑政府补贴的绿色供应链研究现状

　　当前，人们正极力打造一种绿色的生活方式和经济发展方式，但绿色产业发展的整体水平仍处于起步阶段，亟需政府参与。政府部门可以通过制定环境政策引导企业进行绿色创新，同时可以制定一些奖励机制来激励相关企业参与绿色产品的研发与生产，调动制造商生产绿色产品的积极性。Aksen 认为政府的干预对促进绿色供应链发展更加有效，政府行为能够解决消极的外部性问题，能够通过激励机制为绿色供应链管理带来积极外部性[77]。目前，已有许多关于政府补贴的绿色供应链决策的研究。Chen 等研究了政府奖惩机制下绿色闭环供应链的定价及绿色决策问题，研究结果表明，政府的奖罚机制可以有效提高产品的报酬率和绿色水平[78]。陈婉婷等研究了政府决策目标不同时，奖惩机制对供应链定价、绿色决策及成员绩效的影响[79]。金基瑶的研究表明政府补贴能够提高产品的绿色度和市场需求量，但会使竞争产品的需求量降低[80]。张红认为政府补贴能够减弱公平偏好对供应链的负面影响，成本分担—收益共享契约够协调供应链[81]。

　　Mahmoudi 认为政府行为对供应链成员的决策有重大影响，政府行为可以减少绿色供应链中的污染量，增加补贴金额将会使产品绿色度提高，提高产品绿色度并不总是增加绿色供应链成员的盈利能力[82]。Zhang 分别从集中决策和分散决策的角度研究了不同政府政策下的绿色供应链决策，发现随着消费者环保意识的提高，政府补贴也随之增加，当环保意识足够强时，政府就不必制定补贴政策，通过确定社会福利最大化的条件确定最优补贴策略，研究成果能够促进科学的政策制定，为推动绿色供应链发展提供参考[83]。Meng 运用 Stackelberg 的博弈方法，构建了基于消费者绿色偏好和渠道偏好的双渠道绿色供应链决策模型，分析了有政府补贴和无政府补贴的最优决策，认为政府补贴对制造商有利，对零售商利润的影响取决于政府补贴金额，消费者的绿色偏好越高，线下渠道偏好越低，对绿色产品的需求就越大[84]。Su 构建了基于政府补贴的绿色供应链定价决策模型，分析了在补贴对象是制造商和消费者两种不同形式下的绿色供应链的最佳策略，认为当政府补贴给制造商时，碳排放水平和产品销售价格与补贴系数成反比，当政府补贴消费者时，碳排放水平和产品销售价格与补贴系数成正比[85]。Nielsen 基于政府补贴的不同方式构建了绿色供应链单期采购和两期采购模型，分析发现当制造商为绿色度设定一个阈值时，由于销售价格较低、消费者剩余增加和环境改善，使供应链成员在单位产品激励政策下获得更高的利润；在创新投入补贴政策下的绿色度最高[86]。

1.3.5　研究现状评述

从以上研究综述发现，理论界关于绿色供应链决策与协调问题的研究已经有了大量研究成果，将本文的主要参考文献概括为表 1-1。

表 1-1　主要参考文献与本文研究内容对比

Table1-1　Comparison between the main references and the research content of this paper

文献	绿色供应链	绿色创新	绿色创新投入	不同主导模式	供应链协调	考虑政府补贴	考虑公平偏好
[32]，[37]，[39]	√				√		
[44]，[47]，[50]							
[53]，[56]，[58]	√	√					
[59]，[62]，[63	√	√	√				
[69]	√	√					√

续上表

文献	绿色供应链	绿色创新	绿色创新投入	不同主导模式	供应链协调	考虑政府补贴	考虑公平偏好
[70]，[72]	√						√
[74]，[75]	√				√		√
[82]，[84]	√					√	√
[137]，[139]	√			√	√		
本研究	√	√	√	√	√	√	√

可以将其总结为以下四个方面：

（1）从绿色供应链系统研究对象看，大多数的绿色供应链研究对象是关于制造商和零售商的两级供应链，供应商的绿色创新对最终产品的影响尤为重要，因此，研究基于供应商和制造商的绿色供应链系统有着重要意义。

（2）把政府补贴与绿色供应链相结合的研究成果并不少见，但缺乏考虑政府补贴的同时考虑绿色供应链内部成员企业的奖惩机制的研究，制造商在与供应商合作初期，为了保证供应商能够供应符合标准的原材料，往往会采取奖惩机制，因此引入奖惩机制研究绿色供应链的创新投入问题是有必要的。

（3）考虑不同主导模式的绿色供应链的研究很多是基于供应链中的一方为主导进行分析，有的研究虽然考虑了不同主导模式，但并没有对创新投入问题进行探讨。渠道力量的转移对绿色供应链创新投入水平和整体绩效都有着重要的影响。因此，考虑不同主导模式的绿色供应链创新投入的研究有着重要意义。

（4）多数研究基于"完全理性人"的假设，考虑绿色供应链成员公平偏好特性的很少见，"完全理性人"只考虑自身最大化利润，但这个无法解释现实中的一些现象，很多研究需进一步引入公平偏好因素，以便获得更具有现实意义的决策与协调结果。

关于绿色创新的研究文献非常丰富，但对绿色供应链中的创新研究还不够全面，而且缺乏对绿色供应链合作创新决策方面的研究。在绿色供应链的创新研究中大多文献仅围绕供应链伙伴的评价、选择及合作机制进行讨论，而在以绿色创新为主题的绿色供应链决策及协调问题的研究还不够深入，缺少对于绿色供应链的创新投入决策及协调方面的研究。因此，对绿色供应链创新投入研究很有必要，尤其是引入公平偏好问题来研究更具有现实意义。本文的研究考虑了多方因素，拓展了绿色供应链研究领域，能为绿色供应链绿色创新投入决策提供理论依据。

1.4　主要研究内容与方法

1.4.1　研究内容

综合分析绿色供应链管理、绿色创新、绿色供应链的决策与协调、政府参与的绿色供应链的决策与协调的相关文献，本文针对目前绿色供应链的决策及协调问题研究中存在的不足，以绿色供应链绿色创新为出发点，考虑绿色供应链企业创新投入，研究绿色供应链在不同情形下的创新投入策略，以及在不同主导模式下的绿色供应链创新投入决策及协调问题。本文从供应链企业公平中性和公平偏好两个角度分析绿色供应链创新投入决策，具体内容如下：

（1）建立政府补贴对象是制造商的绿色供应链非合作创新投入决策模型，并对其创新投入策略进行分析与优化；探讨供应价格为固定价格和可变价格下制造商、供应商的非合作创新投入策略。

（2）分析绿色供应链合作创新的必要性，构建基于成本分担的合作创新投入决策模型；并以集中决策为参考点分析最优的政府补贴系数，通过数值分析研究各参数变化对制造商和供应商的创新投入以及双方最优利润的影响。

（3）从制造商和供应商双方公平中性的角度，建立考虑政府补贴和制造商销售努力的绿色供应链创新投入决策模型，并对其创新投入策略进行分析与优化，探讨供应商主导、制造商主导下的创新投入策略；以契约协调理论为基础，引入"成本分担—收益共享"契约对绿色供应链进行协调，并通过数值仿真分析模型的有效性和正确性。

（4）从公平偏好的角度，建立基于改进"ERC"公平偏好模型以及基于渠道力量的拓展模型，并对两种模型的创新投入策略进行分析与优化；探讨了供应商提供不同绿色度水平下和不同渠道力量下的绿色供应链协调条件，并通过数值仿真分析公平偏好特性对绿色供应链创新投入的影响。

（5）实证分析。以新能源汽车企业 A 和动力电池企业 B 组成的绿色供应链为背景，对该绿色供应链企业创新投入决策进行分析，运用本文所建立的相关模型及结果为该新能源汽车企业创新投入策略提供决策支持。

1.4.2 研究方法

在本文的研究过程中，主要运用的具体方法如下：

（1）文献研究法。通过阅读有关绿色供应链、绿色创新、公平偏好、博弈理论、契约协调理论等相关研究文献，分析和总结现有研究的特点和存在的不足之处。针对绿色供应链创新投入决策的研究目标，明确研究问题以及设计论文的整体逻辑框架。

（2）博弈论与契约理论。本文在建立模型时应用到博弈论当中的 Stackelberg 博弈模型，在该博弈中有两类决策者，即在决策时处于较强地位的一方（Leader）和处于较弱地位的一方（Follower）。在供应链当中，核心企业就位于博弈模型的较高层次，为了促使供应链的利润达到最优，且达到成员间相互协调的目的，核心企业提出策略，这里包含一些对其他成员的优惠或者激励手段，其他成员则根据核心企业的决策做出相应的调整和决策，这使得供应链的运营得到相应的协调，同时使得供应链上成员的运行目标与核心企业的运营目标实现一致，于是在供应链中就形成核心企业为主方，其他成员为从方的一个 Stackelberg 主从博弈模型。通过逆向求解的方法从而获取博弈的最优解在供应链无限期运作的背景下，运用博弈理论构建、求解供应链的均衡模型，分析绿色度、政府补贴、公平偏好等对绿色创新决策的选择影响。应用契约理论分析绿色供应链创新投入协调策略。

（3）比较分析法。通过比较分析绿色供应链不同创新决策模型下的最优决策以及利润，分析各参数变化对创新投入决策和利润的影响以及非合作创新下供应链企业的绿色创新策略，通过与集中决策比较，应用契约协调理论构建协调模型，并分析其协调条件。

（4）实证分析法。以现实中典型的供应链成员企业运作案例为素材，并通过具体分析、解剖，对本文设计的供应链契约有效性进行验证，更有真实性分析创新投入对企业利润的影响，为企业未来的创新投入策略提出合理建议。具体做法为：以新能源汽车企业 A 和电动汽车动力电池供应商 B 为研究对象，分析其供应链的运营结构，通过收集新能源汽车企业 A 和动力电池企业 B 的相关数据，结合市场实际，以本文研究的问题为出发点分析 AB 绿色供应链的创新投入，为企业 A 与企业 B 未来的创新投入策略提出合理建议。

1.4.3 技术路线

本文的技术路线图见图 1-1。

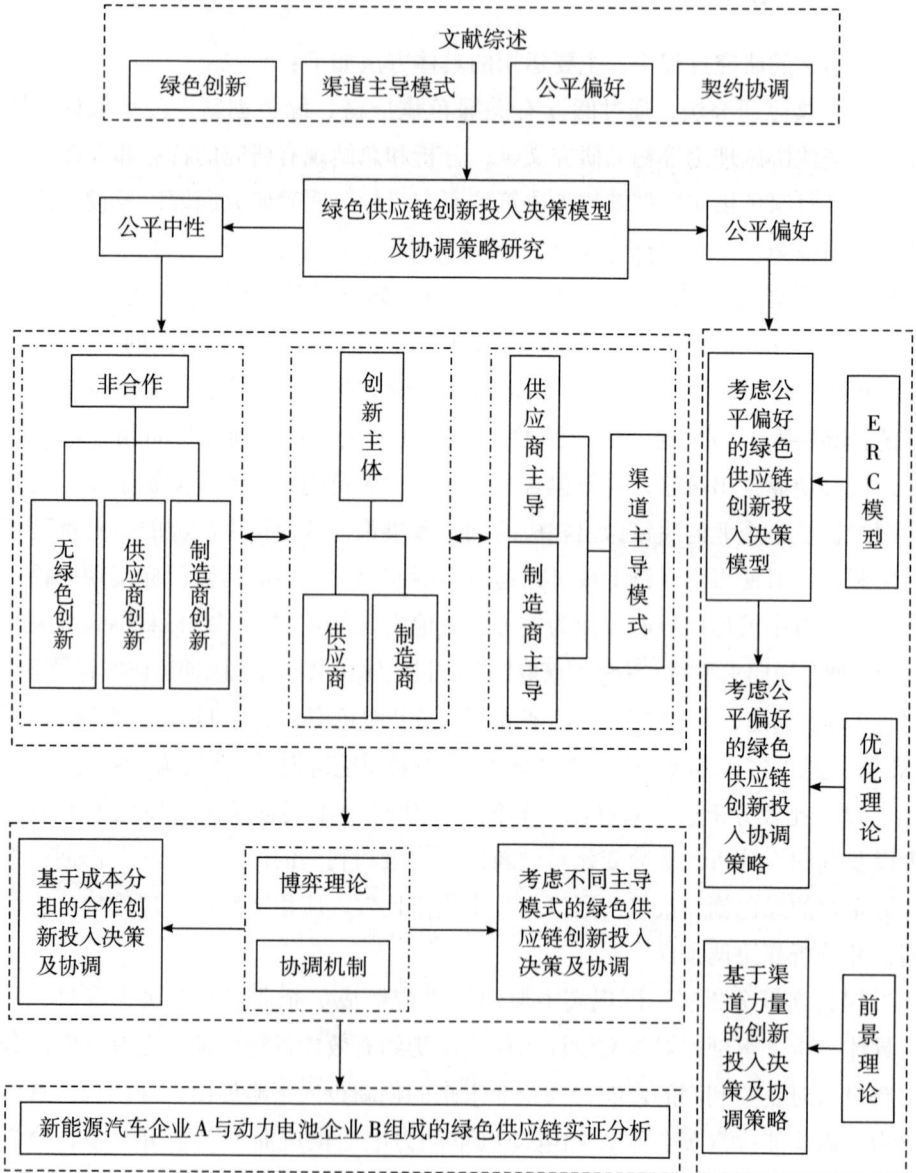

图 1-1 技术路线

Fig. 1-1 Technique route

《 第 2 章 》

绿色供应链创新投入决策及协调的系统分析与研究框架设计

2.1　绿色供应链与创新投入的概念及其关系

2.1.1　绿色供应链的含义

伴随着全球经济的快速发展，环境恶化等问题日益凸显，人们越来越重视经济发展和环境的和谐共生，这要求企业在自身经济发展的同时要考虑环境保护，绿色发展对于社会和企业来说都是面临的重要挑战。联合国环境规划署（UNEP）的报告指出，近年来，全球自然资源消耗率、温室气体排放强度和愈加频繁的极端天气造成的损失持续增加。重大的环境负担和严重的生态问题，使得绿色、可持续的供应链管理模式成为全世界关注的焦点。

近年来，随着人民生活水平的提高，越来越多的人关注环保，人们的环保意识也在不断的增强，消费者对绿色产品需求的不断增加，生产绿色产品是赢得市场竞争力的一个必然趋势，绿色供应链的研究已经成为一个热点问题。1996 年美国密歇根州立大学提出绿色供应链的概念，在绿色供应链概念提出之前，将具有环保意识的供应链大多称之为环境供应链或者是可持续供应链，绿色供应链是基于环保和资源的全新供应链[87]。目前，绿色供应链并未形成一个统一的定义，大多数定义都认为绿色供应链在供应链各个环节考虑环境问题，是为促进经济与环境的协调发展融入"绿色"理念的供应链。Walton 的绿色供应链的定义主要侧重绿色采购[88]。Sarkis 的绿色供应链的定义主要侧重于物流[89]。Handfield 在 1999 年对绿色供应链进行了一个比较全面的定义，绿色供应链是在商品的全生命周期都要考虑环境效应，物流和信息流贯穿产品的全生命周期的供应链[90]。我国学者但斌在 2000 年将绿色供应链定义为：以绿色制造和供应链管理技术为基础，在供应链的各个节点综合考虑环境影响和资源效率的现代供应链管理模式[91]。

本文认为绿色供应链是一个相对概念，随着科技的发展和社会的进步，借助于知识、技术实施和控制供应链的全过程，在确保经济效益的同时，要注重环境效益和社会效益。绿色供应链管理的目的是实现"节能减排"和有效地提高资源效率，供应链"绿色"与否取决于供应链企业在整个行业当中的"节能减排"和有效供给的能力，实现供应链的绿色管理能够促使上下游企业持续改善环境绩效，履行企业社会责任的同时实现高质量绿色发展。

2.1.2　绿色创新及创新投入的含义

在绿色创新的概念提出之前，很多文献使用环保创新和生态创新这两个概念，例如 Bernauer 将绿色创新解释为环境创新与生态创新[92]。目前，关于绿色创新概念的表述并未统一，有的将绿色创新定义为：为了减少产品或者生产过程中对环境的不利影响而实施的创新。Chen 将绿色创新定义为：为了减少环境问题和提高竞争优势而开发新产品、新想法、新技术、新工艺，目的是为了实施绿色供应链管理[93]。尽管对绿色创新的定义有着不同的表述，但都表明了绿色创新对环境保护的积极作用。本文认为绿色创新是为了减轻环境污染而对产品全生命周期提高环境绩效的创新，目的是为了实现经济和生态的可持续发展。对于供应链的绿色创新而言，绿色创新要贯穿供应链的全过程，所以供应链的绿色创新对象应为供应链的各个环节。绿色创新的目的是为了减少环境污染和提高经济绩效，实现可持续发展，所以绿色供应链成员企业要以减少环境污染、实现企业可持续发展为目的对供应链的各个环节进行创新。绿色创新与一般创新不同，绿色创新强调了"绿色"，其创新的出发点是环境绩效。换句话说，一般创新的目的是提高企业经济效益，而绿色创新目的是不但要提高经济效益还要兼顾环境效益

和社会责任。

绿色创新投入是为了开发新产品、新技术或新服务而进行的投资，本文题目中的"创新投入"指的就是绿色创新投入，因此，创新投入是以"节能减排"为目标而开发新产品、新技术或新服务的投资。那么，绿色产品到底如何衡量呢？为了能够便于分析绿色制造对消费者、企业以及环境的影响程度，产品"绿色度"这一概念随即被一些学者提出，并刻画了与市场需求相关联的绿色度评价指标与模型[94]。影响创新投入的决定因素有很多，主要可以分为政府因素和非政府因素两个方面，政府因素方面主要有环境规制、财政补贴、营商环境等，非政府因素方面主要有企业现金持有、企业金融化、企业多元化经营、社会情感财富等，市场选择往往是企业进行绿色创新的根本动因[95]。

2.1.3　绿色供应链与创新投入的关系

随着经济的发展和科技的进步，我国在 2017 年提出了"高质量发展"，这就代表着我国经济已经由粗放式发展向集约式发展转变，"高质量发展"同样需要考虑环境生态保护，也要实现绿色发展。绿色发展已经成为世界经济发展的共同主题，在这种发展理念下，我国先后出台了一系列政策推动绿色发展。供应链的发展要紧跟时代主题，传统供应链要向绿色供应链转变，抛弃传统落后的产品、工艺，就需要新产品、新工艺，这就需要绿色创新。绿色是一个相对的概念，绿色产品是相对于普通产品而言。企业的可持续发展需要创新，需要投资"绿色"，只有创新企业才能在残酷的"优胜劣汰"的市场准则下生存发展，这也是供应链可持续发展的唯一途径。新制度主义理论中提到组织要获得组织生产的资源必须服从制度，否则会丧失组织的合法性。随着人们对环保的重视，政府出台一系列措施来要求企业履行社会责任、保护环境，并且政府在评价企业的合法性和声誉的时候，将环保问题作为一个重要指标。对于绿色供应链建设，我国政府也出台了一些政策，通过对绿色供应链的评价来促进绿色供应链的发展。工信部从 2017 年起为了推进绿色制造体系，先后共评价出五批绿色供应链管理示范企业，通过了绿色供应链管理评价的企业的信誉得到了提升，企业的合法性得到了巩固。在这种压力下，竞争企业不得不模仿示范企业，实施绿色创新策略，增加创新投入，打造自己的绿色供应链。

发展绿色经济势在必行，推动绿色创新和实施绿色供应链管理成为企业未来发展的关键。绿色创新是绿色供应链实现可持续发展的前提，绿色创新的目的是实现经济绩效的同时解决环境污染问题。绿色创新也是实施绿色供应链管理的基础。Lee 认为绿色产品开发中的创新是为了提高环境绩效和产品竞争力，同时他认为供应商承诺是实施绿色供应链管理途径之一，制造商实施绿色采购，供应商需要提供满足环境要求的原材料，绿色创新将成为绿色采购的基础[96]。绿色供应链内部环境管理的有效性是实现绿色创新的基础，决策者对绿色供应链的看法对绿色创新的实施有着直接的影响[97]。绿色供应链的制造商在开发绿色产品的实践过程能够间接地影响更多的绿色创新，如工艺创新、管理创新、流程创新、营销创新[98]。这就需要在各个创新环节投入相应的资源。

实施绿色供应链管理已经成为供应链上下游企业寻求长远发展的必然结果，实施绿色供应链管理必然需要绿色创新，如何提升企业创新绩效已成为绿色供应链上下游企业的亟待解决的难题，绿色供应链的整合与协作是提高绿色创新效率的重要方式。提高绿色创新效率必然需要创新投入，对于供应链上的成员企业来说，是否实施创新？创新投入由谁投入？投入多少？创新投入的收益如何分配？这些都是供应链成员企业考虑和决策的问题。Tarig 认为供应链成员企业通过绿色供应链合作伙伴开展资源整合和战略协作，有利于优化企业的生产流程，提高合作效率，也能够提高绿色创新能力[99]。创新投入要从绿色供应链整体利益出发，合作创新是提高绿色供应链整体经济绩效和竞争力的重要方式，合作创新要以"双赢"为出发点，以各参与方利润最大化为目的而合理地进行创新投入。

2.2　绿色供应链创新投入系统分析

创新行为能够对绿色供应链成员企业环境绩效和社会责任带来积极的影响。实施绿色供应链管理能够减少环境污染，提高经济绩效，同时能够为企业在竞争中获得优势，企业履行了社会责任，同时提高了企业经济效益和影响力。下面对绿色供应创新系统基于创新的绿色供应链企业运营、创新投入的影响机理、创新协同机制进行阐述。

2.2.1　绿色供应链的绿色创新系统

本文研究的绿色供应链的绿色创新是基于以下系统考虑的，具体见图 2 - 1。

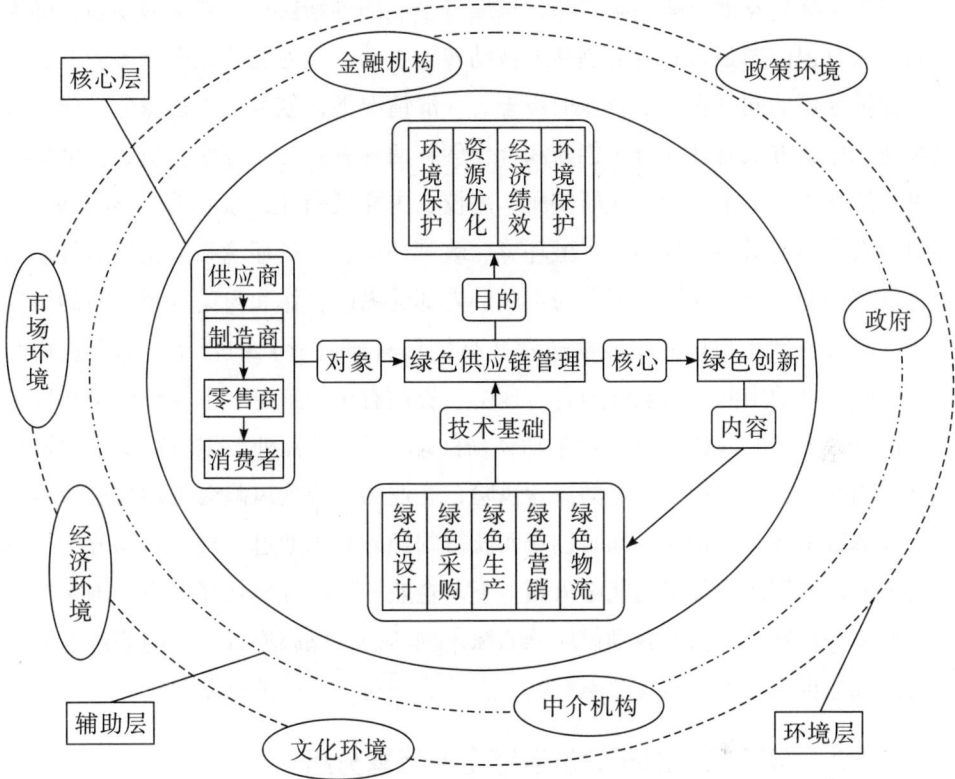

图 2 - 1　绿色供应链绿色创新系统

Fig. 2 - 1　Green innovation system of green supply chain

绿色发展已经成为人类未来经济发展的一个共同主题，实施绿色供应链管理在理论上已经获得供应链管理理论、可持续发展理论、福利经济学理论、生态经济学理论的支持。实施绿色供应链管理的目标是为了保护环境、资源优化利用、提高经济效益和履行社会责任，绿色创新是绿色供应链管理的核心，绿色创新要考虑产品的全生命周期，所以绿色创新的内容包括绿色设计、绿色采购、绿色生产、绿色销售、绿色物流，这些也是绿色供应链创新的技术基础，绿色供应链的各个参与主体包括供应商、制造商、零售商、消费者，参与主体也是绿色供应链管理的对象。因此，创新投入主体应为绿色供应链的各成员企业，由于未来的 M2C 电商模式的发展，"去零售化"下的绿色供应链的参与主体将变为供应商、制造商、消费者。

在国家绿色发展战略实施之初，供应链企业的创新往往是被动的创新，随着人们环保意识的增强，企业的创新由被动转为主动，因为能够获得更多的经济效益、保护环境的同时提高了企业的声誉。一般情况下，创新主体是绿色供应链成员企业，创新方式有独立自主创新和合作创新两种方式，在合作创新下，创新主体可以拓展为上下游企业、科研院所、高校、中介机构等；绿色供应链的创新的环境因素主要包括经济环境、金融环境、政策环境、市场环境和文化环境等。在绿色供应链的合作创新下，可分为供应链内部的纵向合作和与竞争企业间的横向合作，以及与创新知识的主要输送者（高校和科研院所）的合作。中介机构是各个创新主体的中间商，能够与各方连结，提供有用的信息。市场环境是在绿色供应链发展成熟阶段供应链企业主动创新的动因[100]。此外，创新需要企业增加额外的创新成本，会增加企业的经营风险，企业为了降低风险会主动与供应链的上游或下游企业合作创新，同时创新而获得的额外收入通过合理的利润分配机制进行分配，合理的分配机制能够巩固上下游企业的战略合作伙伴关系。国家在绿色产业发展初期，会为了激励供应链的绿色创新而提供政府补贴，随着产业发展的逐渐成熟也会逐渐地减少政府补贴，直至取消对该产业的补贴。

2.2.2 基于绿色创新的供应链企业运营分析

绿色供应链是基于现代经济发展考虑环保和资源效率的全新供应链。企业通过绿色创新打造绿色企业形象，生产的绿色产品能帮助企业获得更多的市场份额，能够提高消费者对企业的满意度，从而为企业带来更大的经济绩效[101]。一些研究表明，绿色创新的先导者获得的收益要高于后来者，但无论企业绿色创新行为的先后对企业的经济绩效和企业形象都有着积极的影响。在社会需求和政府干预下，企业不得不进行绿色创新，这种被动的绿色创新行为有可能对企业的经济效益有负的影响，所以对于供应链成员企业来说，应该积极主动地实施绿色创新。绿色创新也是创新的一种，它对企业的经济绩效和运营管理都有着一定的影响。Chan 认为绿色创新行为可以更好地提高成本效率和盈利能力，从而提升企业绩效。绿色创新行为不仅能够给企业带来环境绩效，也能够为企业获得竞争优势。绿色创新会为供应链企业带来新的运营方式，也能够带动产品生命周期各个环节的一系列创新[102]。

下面主要从企业内部环境管理、生态设计、绿色采购、供应商选择四个方面来分析绿色供应链企业运营分析。企业内部环境管理是实现绿色创新的基础，企业的绿色创新能够促进企业内部环境管理，将绿色环保理念融入企业日常管理和经营中，并将绿色发展作为企业发展重要战略决策，企业内部环境管理也同样会不断地促进绿色创新。企业的发展受制于环境规制，只有将绿色发展理念融合进企业战略管理，才能够降低"劣汰"的风险，保持企业的可持续发展。企业内部环境管理能否有效实施取决于决策者，所以决策者需要不断提升自身的创新力和领导力。生态设计是绿色创新之初为考虑生态因素、降低产品全生命周期的生态环境影响而进行的产品设计，生态设计不但要考虑绿色创新的需求，还要考虑如何减少成本，如何提高产品的绿色度。绿色创新的生态设计需要生态识别、绿色诊断、产品定义、生态评价四个步骤，这四个步骤都能够激励绿色创新，在生态识别中构建全新的模型，在生态评价中提出新的改进，这都能为下一步绿色创新提供技术支持[103]。绿色采购是企业在采购原材料时选择绿色材料，要考虑到原材料的循环应用性和可回收性，选择能够比较好地履行企业环保责任的供应商，目的是在采购中使环境负面影响最小化。绿色采购能够促进处于供应链上游企业的绿色创新，绿色采购的关键是供应商，所以供应商在市场竞争环境下会积极地实施绿色创新。选择供应商的严格标准有利于把控原材料的质量，定期考察供应商有利于加强与供应商的协作，有利于推动绿色创新，促进绿色供应链上下游企业的长期稳定的合作[104]。当消费者崇尚绿色消费、拒绝环境污染时，企业不得不进行绿色生产，绿色创新不但要实现绿色生产，同时要提高企业的经济绩效，选择绿色原材料，绿色供应链企业通过内部环境管理以促进产品朝着更绿色、更环保的方向发展。

由于创新是绿色供应链企业必须实行的，创新行为能够提高整条供应链的经济绩效和社会绩效，所以供应链上的企业之间要联合制定计划，实行合作创新，供应链成员企业的经济绩效、社会绩效和环境绩效都得到了提升，才能实现供应链成员企业的可持续发展，从而提升企业的生存能力和竞争力。当供应链企业面临不良竞争或者处于创新落后时，就要通过创新行为来提升竞争力，通过创新能够提升企业形象，能够提高企业的经济效益，能够提升市场反应速度。绿色供应链成员企业间的合作会促使绿色供应链成员企业间的知识共享，从而提升绿色供应链的竞争力，实现可持续发展。

2.2.3 绿色供应链创新投入的影响因素

随着市场全球化竞争加剧，传统的企业间的竞争已经转变为供应链之间的竞争。绿色供应链企业的创新能够提高企业的经济绩效和社会绩效，具有明显的正的外部性，创新已经成为供应链可持续发展的必然选择。许多研究都强调了绿色创新对企业未来发展的重要作用，创新行为的实施需要投入人力、物力和财力等资源，它们都是影响绿色供应链创新投入的影响因素，对这些一系列的因素的影响机理分析是必要的，目的是通过机理分析识别出影响绿色供应链创新的关键因素，这些影响因素是以何种方式影响创新投入决策的，为绿色供应链的创新投入决策提供理论依据。在分析绿色供应链创新的影响因素时需要与传统创新有所区别，因为绿色创新强调的是对环保的影响。下面从供应链企业内部和外部的角度将绿色供应链企业创新投入的影响因素分为内部影响因素和外部影响因素。

2.2.3.1 内部影响因素

主要有企业冗余资源、内部组织、内部环境管理体系、管理者的作用、绿色创新能力等。

（1）企业冗余资源

从企业资源的角度来分析冗余资源对绿色供应链创新投入的影响机理，供应链成员企业的冗余资源（slack resource）是一种超出暂时闲置的且能够自由使用的资源。冗余资源对绿色创新的影响主要是考虑到资源的流动性，冗余资源主要可分为沉淀冗余资源和非沉淀冗余资源，充足的沉淀冗余资源是绿色创新的根本保障[105]。冗余资源对创新投入的影响主要体现在可以提升供应链成员企业对内外压力的适应性，可以促进供应链成员企业的绿色创新，为企业的供应链的绿色化改革提供资源支持。随着绿色创新的商业化变革，需要提供大量的物质基础，需要大量的资金支持，这势必会挤占原有的业务资金，冗余资源的灵活性为绿色创新的商业化提供了稳定的内部环境和资源支持。

（2）内部组织

供应链企业的绿色创新不但受到外生力量的影响，而且还受到企业内部组织的影响。一种观点认为：对于组织来说，它具有保持行为趋势的惯性，组织惯性有益于企业的资源积累，它是创新的动力源泉，一个企业拥有合理的组织结构能够为企业的战略实施提供保障，所以，组织惯性能够促进创新，同样也能够促进绿色创新。另一种观点认为：组织惯性往往是"按部就班"的，这种僵化的组织形式不利于创新，随着这种消极的惯性被逐步放大，组织将慢慢地丧失创新精神。这两种观点都说明了组织惯性对绿色创新有影响，对于供应链企业来说要增强组织的灵活性，从而提高运营效率。组织基本特征也是影响绿色供应链成员企业创新的因素，组织的基本特征包括企业的规模、企业的年龄、经营性质等，绿色供应链成员企业的规模对绿色创新有着正向的、积极的影响，企业的年龄和经营性质对绿色创新的影响并不显著[106]。

（3）内部环境管理体系

ISO14001 给出了环境管理体系的定义，环境管理体系可以将其概括为组织为了实现环境方针、目标和指标而实施的管理体系，积极的环保管理实践是提升环境和企业业务性能改进的关键因素。环境管理体系的实施有利于控制环境的不利影响，从而有利于绿色创新的实施，有利于推动企业设计生产绿色产品。供应链成员企业内部实施环境管理能力强，可以推动企业产品和生产流程上的绿色创新。供应链成员企业具有较强的组织能力能够促进资源的整合，能够推动企业的绿色创新，过时的组织能力对企业的绿色创新没有积极作用[107]。

（4）管理者的作用

管理者一直是影响企业决策和发展的一个关键因素，管理者对环保的重视和关注对于绿色创新和绿色发展有着积极的作用。管理者通过对绿色创新行为带来的经济效益和社会价值进行一个积极的判断，这是供应链成员企业绿色创新行为实施的一个前提。只有管理者意识到绿色创新行为能为企业带来效益，管理者才能做出创新投入的决策。绿色供应链成员企业间的知识共享能够有效地降低绿色创新的成本，政府通过出台补贴政策鼓励企业生产绿色产品，降低绿色创新带来的财务风险。很多研究已经表明管理者的环保意识是推动企业绿色创新和绿色实践的关键因素，供应链成员企业间需要相互合作、共同演进。所以只有增强管理者对绿色创新认知，才能促进管理者更主动、更积极地增加创新投入，从而促进绿色供应链的创新[108]。

（5）绿色创新能力

企业的绿色创新能力越强，创新成功概率越大。绿色创新需要人力、物力、财力等各个方面的支持，绿色创新能力主要取决于 R&D 投入的能力、人员知识能力、成果转化能力、协同能力等。对于供应链来说主要取决于成员企业间的资源整合和协同能力。供应链的协同需要调节企业间的利益关系，良好的资源整合和协同是绿色供应链企业做出有效的、可行的决策和维护各方利益的保障，资源整合和协同较差的供应链绿色创新动力不足。合作创新和绿色供应链的资源整合和协同相辅相成，合作创新能够促进资源整合和协同的发展，良好的资源整合和协同可以有效的推动合作创新[109]。

2.2.3.2 外部影响因素

在人们对环保的要求日益增强的今天，对绿色产品需求增加，企业为了适应社会需求和技术进步需要对环境管理和绿色创新进行投入，这些来自于企业外部的压力是绿色供应链成员企业绿色创新的动力。绿色创新的外部影响因素主要包括政府规制、客户需求和技术进步等。

（1）政府规制

为了人类的未来发展，当今社会不能以生态环境恶化来换取经济发展，保护生态环境已经成为全人类关注的问题，政府行为是在保护生态环境上起着至关重要的作用。政府为了保护环境将出台一系列法律法规来约束企业的污染排放，鼓励企业绿色创新，政府对企业绿色创新有着重要的影响。Chen 认为消费者环保意识和政府规制下导致绿色产品具有市场竞争优势，在政府奖惩机制下供应链企业为寻求自身利润的最大化而实施绿色创新[110]。政府的规制对绿色创新和环保实践有着积极的影响，即政府给企业施加的环保压力能够促进企业绿色创新，企业通过绿色创新获得经济收益、使企业更具有竞争力。绿色供应链成员企业对绿色产品创新的追求能够更好地提升企业绩效。政府可以通过环保法规以及经济激励对绿色创新有明显的促进作用。

（2）市场需求

市场需求对绿色创新的影响也是非常重要的。消费者对绿色产品的需求的不断增加促使企业实施绿色创新，这是为了满足市场需求而势在必行的选择。绿色创新不仅是环保技术、产品和服务的创新，还包括这些创新的商业化，目的是追求供应链成员企业的经济效益。市场需求已经成为影响绿色创新行为一个最重要的因素，但当企业面临的是一个不确定的市场，创新投入回报也具有不确定性，这种不确定性往往令领导者担心其风险，从而做出不实施绿色创新的决策[111]。在绿色供应链中，下游企业对上游企业的压力也会对绿色创新的投入有着积极的作用，而当下游企业的环保要求较高，而令上游企业无法满足其需求时，也会投

入一定的资金用于绿色创新。为了强化绿色供应链成员企业间的合作关系，企业更愿意通过绿色创新来提升自己的生态信誉，从而提高企业的竞争优势[112]。

（3）科技进步与技术合作

科技是第一生产力，随着科技的进步，很多先进的技术推广对绿色创新有着积极的作用。科技的进步、技术的推广，尤其是涉及到供给侧的技术对绿色创新的影响有着决定性作用，企业的技术轨迹是绿色创新的关键因素。企业不仅需要提高自身的创新能力，还要将创新能力与企业内部的其它重要环节联系起来。来自于外部的科技进步更能推动绿色供应链创新，尤其是来自于竞争对手的，更能刺激供应链成员企业的绿色创新行为；行业的"绿色技术"的进步同样能促进企业绿色创新，能否保持企业自身的竞争力，就要跟上整个行业技术变革的步伐，这样才能够不被竞争对手淘汰。但是，有的学者认为科技进步只是推动传统创新，而绿色创新是只有与环保有关的技术进步，才能够推动绿色创新[113]。对于绿色供应链成员企业的绿色创新来说，除了来自外部的推动力，与企业外部的技术合作也是推动供应链成员企业绿色创新的重要动力，重视与企业外部技术合作的企业往往更积极地致力于与环保有关的技术创新。尤其是刚刚进入市场的年轻企业，更需要与市场上比较成熟的企业合作创新，通过合作创新降低风险，不断提高自身的技术能力以打造市场更加需求的绿色产品，在激烈的市场竞争中寻求生存和发展。目前，关于供应链合作绿色创新的研究主要集中在供应链企业与客户间的合作创新，作为供应链的源头，供应商提供的原材料对最终的绿色产品非常重要，供应商的绿色创新更能够推动供应链的绿色创新。通过供应商绿色创新的投入，提高了产品的绿色度，提高了产品价值。绿色创新增加的收益，对于利益相关者都将获利，这促使利益相关者之间绿色创新的合作，利益相关者不仅仅包括供应链上成员企业还包括科研院所、政府、消费者等。

2.2.4　绿色供应链创新的协同运行

随着经济全球化不断加剧和绿色发展理念的普遍共识，绿色供应链内成员企业面临的市场环境更加复杂多变，在这新的环境下，绿色创新将成为企业提高和保持核心竞争力的源动力。为了能够更快地适应这种复杂的市场变化，绿色供应链企业间的合作才能降低供应链的运作成本，因此，绿色供应链的创新协同可以界定为：绿色供应链中的各个节点企业为了提高供应链整体的绿色创新效率而实施的资源共享、风险共担的一种模式[114]。绿色供应链的成员企业间既相互联系又相互约束，因此，当供应链上的一个节点发生变化，会导致其它节点做出相应的变化和调整。比如，当消费者对绿色产品的要求提高时，零售商就会要求制造商提供绿色度更高的产品，制造商为了留住客户和保持企业声誉，就会研发绿色产品，就会寻找更加绿色的原材料。

绿色供应链企业的创新协同需要供应链上各个成员企业的紧密配合，在消费者需求的拉动下生产绿色产品以满足市场需求。在政府规制下，供应链企业为了生存和发展必须积极制定和实施绿色创新战略，要积极地识别影响绿色创新的重要因素，加强绿色创新的认识，提高责任感和使命感，促进供应链成员企业之间的协同。企业决策要以市场为导向，从满足消费者需求的视角来实施绿色创新战略，与上下游企业资源整合推动供应链的绿色创新。

绿色供应链成员企业要充分利用自己的优势，不断地提高自身的绿色创新能力，企业的绿色创新能力是有限的，要不断进行知识创新、研发新产品、开发新服务才能保持竞争力。企业获得知识主要有两个途径，自主创新和从外部获取，企业拥有的绿色创新相关知识能够促进企业间协同运行，企业之间的协同能够充分利用供应链的资源，能够促进绿色创新、促进整个供应链的发展[115]。绿色供应链中的企业都有自身利益最大化的诉求，这样在供应链内部一样也会存在着竞争和博弈，因而也促进了市场活力，但同时会给供应链整体带来负面影响。只有供应链内的成员企业间协同运行才能达到共赢，这就需要供应链的上下游企业具有匹配的信息和知识。供应链内协同运行中上下游企业间相互信赖，只有绿色供应链内的诸要素有效契合，才能提升各经济要素本身的收益，才能优化整个经济系统功能，才能提升供应链的整体竞争力[116]。

绿色供应链企业间的创新协同需要各参与主体协调创新投入和利益分配，协调机制主要是由合同契约、关系契约与权威三种要素形成，并相互作用，对绿色供应链成员企业间的合作行为进行引导和协调，进而影响绿色供应链的运行效率和创新绩效。供应链间的协同运行是在供应链之间不同层面信息交流和信息传递的基础上进行的。供应链协同运行从管理层级角度可分为战略决策层协同、管理控制层协同、操作执行层协同。企业战略决策层协同以供应链整体利益最大化为出发点而实施的创新投入战略；供应链企业管理控制层协同是管理最复杂、企业间的协作强度最大的管理层级协同，内容包括组织、管理、业务等各方面的工作；供应链操作执行层面协同是从供应商开始在供应链的各个节点上的一系列的

管理活动。总之，绿色供应链创新协同运行决定着绿色供应链创新的质量，需要不断探索和改进创新的协同方式。

2.3　绿色供应链合作创新的利益分配与协调机制

绿色供应链的整体利益是绿色供应链上各参与主体通过合作而创造出的增值收益。这些收益可以分为直接收益和间接收益，直接收益是绿色供应链所获得的可度量的直接经济效益，间接收益是绿色供应链通过实施绿色创新战略而使企业形象改善、消费者满意度提高、品牌价值提升等无形资产，绿色供应链的创新行为的有效实施会提高整体和个体的收益和效率。利益在本质上属于社会关系范畴，通俗地讲就是好处。对于绿色供应链创新所产生的利益是指通过创新而使绿色供应链的利润增值，利益分配就是绿色创新的各个参与主体对总的利润增值分得各自应得的部分，合作创新不仅能够为绿色供应链带来资源上的共享，还可以获得相应的利益，相应的利益是按照一定的原则、方法进行分配的[117]。

2.3.1　利益分配原则

（1）公平与效率兼顾

平等对于绿色供应链创新的参与各方来说是首先要遵守的最基本的原则。每个参与创新的企业都有获得相应利益的权利，公平和效率是矛盾的，过多地追求公平会降低效率，所以要公平和效率兼顾，使公平和效率达到一种理想的均衡状态，这样才更有利于绿色供应链的创新，更有利于推动绿色供应链的发展。当参与主体得不到相应的收益，就会产生冲突，而在实际利益分配中，分配方案并不能令每一个参与主体都满意，存在冲突也是无法避免的，这就需要将冲突控制在各方可接受范围内，这能够促进分配方案的改进，能够激发创新投入的热情[118]。

（2）共赢原则

绿色供应链中的企业为了适应时代发展实施绿色创新战略，为了自身和整个供应链的利益，绿色供应链企业选择纵向合作创新，通过供应链中企业的合作实现资源共享和整合，采取合作创新策略以提升整个供应链的竞争力。通过合作可以降低成本，共享创新成果。因此，创新的参与主体都应取得相应的利益份额，这样才能保障创新的各个参与主体的合作的稳定，只有合作共赢才是促进绿色供应链健康发展的前提[119]。

（3）投入产出匹配原则

绿色供应链上各成员企业有着不同的分工，资源储备和承受风险的能力存在差异，这使各个主体对创新的投入也有所不同。创新能力强的会有较多的创新投入，投入较多的主体自然会对投资收益回报率期望较高，因为投入的量往往和风险成正比，投入越多承担的风险越大，因此在利益分配时要考虑到每个参与主体投入的多少，要做到投入和产出的匹配[120]。只有这样绿色供应链的成员企业才能根据预估进行投入，才能促使创新的各个参与主体多投入，从而促进绿色供应链的合作创新，提高绿色供应链的整体利益。

（4）风险共担原则

创新行为本身就存在着风险，因此在绿色供应链中利益分配时还要考虑各个参与主体的承担风险，这样才能更好地保障创新的参与主体的利益，更有利于绿色供应链的健康可持续发展[121]。供应链上合作创新有利于降低风险，但并不代表风险减少了，创新的实施风险依然存在，只不过是风险由各个参与主体共同承担了。绿色供应链是一个增值网链，创新将给参与主体带来更大的利益。往往收益越多风险也越大，所以创新的各个参与方应该共同承担风险，承担的风险应该得到相应的补偿，这就要制定一个合理的风险共担、利益共享的利益分配方案。

（5）相互协商的原则

创新给绿色供应链整体带来利润增值，这部分增值利润的分配往往不是一蹴而就的，需要绿色供应链创新的各个参与主体通过一系列的谈判和协商而确定。协商是解决利益分配过程中的争议问题的一个比较实用的办法。由于供应链上各个成员企业各方面的能力不同，很多无形的因素无法准确衡量，这就更需要协商谈判。协商谈判是解决矛盾和维持合作的一个重要原则。共同协商促进创新合作各方利益分配的公平、公正，相互协商就要做到各个参与主体共同协商、民主决策，最终的协商结果应该被各个参与成员接受[122]。

（6）信息公开原则

企业在市场中具有竞争优势往往和它的技术知识处于领先地位有关，所以为了保持这种竞争优势，往往会有一些专有信息不会公开，这就造成供应链上的其它成员无法获得这些"保密信息"，这种信息的不对称性主要有外生信息和内生信息两种。外生信息是在供应链形成之前各参与主体就已经有了的特有信息，另外一种是内生性的信息不对称，这种信息是由于参与主体的"不作为"，如不努力工作对创新的贡献少等[123]。这就需要供应链各参与主体信息公开，这样才能制定出更合理的利益分配方案。

2.3.2　利益分配影响因素

（1）投入因素

创新投入包括有形投入和无形投入，创新的有形投入主要一些可以度量的投入，包括投入的资金、物资、人员和技术等一些不可或缺的资源要素[124]。只有投入一定的创新所需的各个要素，才能期望获得相应的利益。各个参与主体都想获得与投入相当的利益，绿色供应链的创新投入中资金是基础，知识、技术、经验是提高创新效率的手段。无形投入往往是与有形投入相比无法度量的投入成本，主要包括时间、经历经验和品牌等，因此在利益分配时应根据各个参与主体所处的位置设置一个调节系数，用调节系数来说明各个参与主体的重要程度。有时候需要参与主体的某一方付出额外的努力，如消费者对绿色产品的绿色度需求的提高，就需要加大创新力度，提高绿色度，这就需要额外的增加投入，这也是应该在利益分配时应该考虑的，只有这样才能更好地维护供应链上下游企业的战略合作伙伴关系，才能更好地激励创新。

（2）贡献因素

绿色供应链创新的各个参与主体的投入多少是在利益分配时应该考虑的，这对绿色供应链创新收益的公平、合理的分配起到关键作用。但这并不能作为创新利益分配的唯一标准。由于影响创新收益的因素并不唯一，因此在利益分配时要考虑各个参与主体的贡献度。绿色供应链上的成员企业有可能也是其它供应链上的成员，因此对创新的努力程度会有所差异，因此贡献程度是在利益分配中必须考虑的[125]。创新的目的是在保护环境的同时使产品增值，消费者获得的绿色产品和服务与各个参与主体的一系列活动密切相关，各个参与主体的活动是否给绿色供应链的整体收益带来了增值，带来了多少增值，这都是在利益分配时要考虑的问题。对于绿色供应链的核心成员企业来说，对绿色供应链创新贡献大，利益分配时就应获得较多的份额。即贡献越大，收益越大，反之收益越少，这也是类似于"按劳分配"的原则。

（3）风险因素

绿色供应链的创新有着许多不确定的因素和存在很多风险，创新的各个主体在供应链中角色不同，承担的任务和面临的风险也不尽相同。绿色供应链的创新中的风险和传统供应链上的成员企业间的合作风险类似，存在供应链内部风险，也有来自于供应链外部的风险，比如市场环境风险、产品未获得良好的市场份额、投入的资金无法回收等，当创新的参与方承担的风险越大，就应该获得更大利益分配份额。绿色供应链的创新需要核心企业承担额外的支出，这就要考虑通过增加利益分配份额而给其补偿，否则合作方将不会承担相应风险，在具体操作时可以采用风险系数法来测算各种风险的系数[126]。

（4）讨价还价的能力

对于绿色供应链创新的增值收益最直接的反应是利润的增加，对于增加的利润是要在供应链的各个节点进行再分配的。对于各个参与主体来说，在签订契约之前，需要各个参与主体的共同协商，企业都是以盈利为目的的，所以各参与主体都会提出有利于自己的条件，对于拥有较强谈判能力的参与主体来说，往往能够分得更多的利益，信息不对称和谈判各方不同的价格区间、不同的心理预期都会对讨价还价能力有所影响。

2.3.3　利益分配模式

绿色创新的利益合理分配能够激励绿色供应链上的各个节点的相互协作，能够促进绿色创新战略的实施，能够提高绿色供应链的整体效益，能够有效地维持各个成员企业的合作伙伴关系。供应链的利益分配问题不同于企业内部的利益分配，供应链中的利润分配前提是成员企业存在合作关系，合作不仅仅是资源的共享，还包括一些技术、信息、知识的共享，这些不好度量的资源在利益分配时也需要考虑。供应链的利益分配主要是通过上下游企业间的产品定价来实现的，往往是以协商后签订契约的方式来实现的。上下游企业以整体利益最大化为出发点，通过相互协商实现共赢的目的。具体的利益分配方式有以下三种：

第一种为固定支付模式，这种模式是根据各个参与主体的贡献按照事先协商好的利益分配方案，在总收益中以固定报酬的方式进行分配，固定报酬可以一次性全支付，也可以进行分阶段进行支付，而剩余的收益由核心企业获得。

第二种是产出分享模式，这种模式是根据利益分配方案按照比例进行利益分配，将总收益按照一个事先约定好的比例进行分配，这种分配方式往往同时也按比例承担风险。

第三种是混合模式，这种模式是将固定支付和产出分享相结合，即支付固定报酬＋约定比例支付收益。具体采用哪种利益分配模式，这与市场机遇、获利的

概率以及发展战略等密不可分，作为固定支付模式来说，它类似于买卖关系，这在实际绿色供应链中很少存在。

现实中，绿色创新的参与主体往往是风险厌恶型或者是风险中性的，采用的是"固定支付 + 产出分享"模式，该模式是通过各个参与主体间的协商谈判实现的，按照签订的契约的分配方案从总利润中进行分配。

2.3.4　利益分配协调机制

目前，供应链的利益分配协调机制有很多，往往是以双方达成契约的方式来实现，利益分配契约主要有批发价格契约、回购契约、数量弹性契约和收益共享契约[127]。批发价格契约是在研究供应链问题中被较早提出的，批发价格契约对于制造商来说为零风险，因为对于零售商未销售出去的产品处理由零售商自己制定，与制造商无关。回购契约与批发价格契约最大的不同是对于未销售出去的产品处理方式，回购契约对未销售出去的产品由制造商回购，降低了零售商的风险，可以激励零售商大量订货。对于制造商来说，回购契约可以保护品牌形象，可以避免零售商因为产品积压而大幅降价，降低品牌在消费者心中的地位。当制造商有新产品投入市场时，由于新产品的市场需求无法确定，制造商为了消除零售商的顾虑，往往采用回购契约来激励零售商订购。

数量弹性契约首先是由下游企业制定一个订货数量区间，然后上游企业根据这个数量区间的最大值制定生产任务，而下游企业商品订购量不少于这个数量区间最小值，对于下游企业来说订货数量更具有柔性。供应链下游企业在销售周期开始前预测市场需求，根据预测量向上游企业提出一个订货量，然后通过协商约定一个订货量上下波动的比例范围，允许下游企业根据市场需求的变化而追加订货量。由于市场需求的不确定性或下游企业的预测的局限性，不能有效地反映市场实际需求，数量弹性契约可以修正这种市场需求的偏差，下游企业的订货量更具灵活性，可以降低了下游企业的风险，从而保障了供应链的协调稳定。

收益共享契约是整个绿色供应链的利益出发综合考虑绿色供应链创新的参与各方的创新投入，对于供应商来说收益共享契约可以提供更低价格的原材料，批发价格可以低于边际成本，收益共享契约有益于解决矛盾，促进供应链上下游企业的长期稳定合作。与批发价格契约相比，收益共享契约的批发价格可以更低；与回购契约相比，在产品销售价格发生变化后，收益共享契约下的供应链收益仍然可以达到最佳，而回购契约仅仅能够改善供应链收益而无法使供应链达到最佳。与数量弹性契约相比，收益共享契约的批发价格可以根据市场需求和成本结构进行调整，而数量弹性契约主要是在订货数量上的调整。如果在随机需求市场中，以产品销售价格为决策变量，则数量弹性契约无法达到最佳协调，收益共享契约则可以实现最佳协调。因此，对于绿色供应链创新投入后的利益分配应用收益共享契约进行协调，使创新参与各方都能够获得满意的收益，这更有利于绿色供应链增加创新投入，进一步促进绿色供应链的发展。

2.3.5　利益分配方法

通过梳理关于利益分配的文献，发现现有的利益分配方法很多，典型的方法有 Shapley 值法、Nash 谈判模型、公平熵法、讨价还价谈判模型、MCRS 法、收益/风险比例法等。

（1）Shapley 值法

Shapley 值法是 1953 年 Shapley 在研究博弈局中人之间的利益分配问题提出的，这种方法在供应链的利益分配问题中过程较为简便，应用 Shapley 值法分配具有公平性，因此被广泛运用。Shapley 值法能够实现利益分配的公平、合理，合理的利益分配能够促进供应链的价值共创，Shapley 模型在供应链利益分配的研究中被广泛应用，但它也存在着一些缺陷，因此很多的研究都对原始的 Shapley 值法进行改进，改进后使结果更公平、更合理。

（2）Nash 谈判模型

Nash 谈判模型在供应链利益分配问题中也被学者们经常用到，该模型是解决多个参与主体合作的谈判问题的方法，通过谈判使参与各方都获得满意的利益分配方案。参与主体都想分担较少的成本，而获得较多的利益。在自己获得最大利益的同时不损害其它参与方的利益，这样才能避免合作破裂。Nash 谈判模型在最低成本和最高成本区间内找到一个满意解。

（3）公平熵法

熵的概念最早源于物理领域，后来肖玉明将熵引入到公平理论中，提出了公平熵的概念[120]。公平熵可以度量利益分配的公平程度，公平熵法主要是考虑了各个参与主体的投入量和对增值利益的贡献度以及在供应链中的重要程度，并据此给出各个参与主体应得的利益份额。大量的文献已经证实基于公平熵法的供应链利益分配是有效的。

（4）讨价还价谈判模型

讨价还价理论是由 Nash 在 1950 年提出的[121]。经过多年的理论发展，在供应链的利润分配问题研究中被广泛地应用。绿色创新的参与各方的谈判能力影响着利润分配，谈判能力越强获得的利润分配份额越大，但这只能增加自身利益，并不能增加绿色供应链整体利益，反而会给整体利益带来负的影响，谈判能力对供应链的收益影响较大。

2.4　总体研究框架

基于以上论述，本文研究的对象是以一个供应商和一个制造商组成的绿色供应链系统，主要针对绿色供应链的创新投入问题进行研究，分别从企业非合作创新、基于成本分担的合作创新、不同主导模式、公平偏好的视角研究绿色供应链的创新投入决策及协调问题。充分借鉴现有文献的研究，采用数学建模与数值仿真相结合、比较研究等方法，构建绿色供应链的基于供应商—制造商的创新投入决策模型，并应用契约协调理论分析不同主导模式下、制造商公平偏好下的协调策略。本文主要分析以下几个问题：

（1）绿色供应链中的企业会不会实施创新，创新投入是否能够在提升绿色供应链环境绩效的同时提升绿色供应链的经济效益？

（2）基于成本分担的合作创新，是否存在最优分担比例，政府补贴、消费者的绿色偏好能否促进创新投入，是否存在最优值？

（3）主导权力的转移是影响绿色供应链成员利润分配的重要因素，绿色供应链的不同主导模式会对创新投入有着怎样的影响？

（4）绿色供应链企业的公平偏好能否提升产品绿色度，能否促进创新，制造商的公平偏好对创新投入有着怎样影响？

具体的研究框架如下：

供应商作为绿色产品的源头，供应商的绿色创新能够提升产品的绿色度。原材料的绿色创新，可以提高整个绿色供应链的环境绩效，对绿色供应链的可持续发展有着非常重要的作用。随着电子商务发展成熟，利益链上的业务的竞争和兼并，产业链的上下游的整合，资源会进一步向上移动，最终制造商直接和消费者对接，实现"去零售商"，这将是未来供应链发展的一个趋势。因此，首先明确研究的供应链系统为供应商和制造商的两级供应链。由于国家对绿色产业的促进政策,绿色供应链实施创新的目的微观上讲是为了企业自身经济发展,为了提高绿色供应链企业的竞争力,宏观上讲是促进社会经济发展的同时也提高了社会福利。所以,政府从稳定市场、加强环保、发展绿色供应链的角度会鼓励供应链企业绿色创新,会出台一些优惠政策,最直接的方式是为绿色创新提供政府补贴。因此,本文在构建的博弈模型均考虑了政府补贴。

在归纳梳理有关绿色供应链、不同主导权力、公平偏好、契约协调及绿色创新问题等研究现状的基础上,首先研究利己博弈下的非合作策略,构建绿色供应链企业非合作创新投入决策模型,通过比较分析供应链在无绿色创新、供应商绿色创新、制造商绿色创新等不同情况下的均衡结果;通过非合作博弈分析得出供应商会实施创新投入策略的结果。接着,在绿色供应链非合作创新决策模型基础上构建基于成本分担的合作创新投入决策模型,通过分析寻找供应商与制造商合作创新的最优成本分担系数。主导权力的转移对绿色供应链决策与协调有着重要影响,然后,构建供应商和制造商不同主导模式下的绿色供应链创新投入决策模型,分析均衡结果及创新投入策略,并以契约协调理论为基础引入"收益共享—成本分担"契约协调供应链。公平偏好是影响绿色供应链稳定合作的非常重要的一个因素,制造商的决策不仅要考虑自身利益,还要考虑供应商的利益,这样才会有利于供应链的稳定发展。再后,引入公平偏好理论进一步分析供应链的创新投入决策及协调问题。最后,从绿色供应链企业创新投入策略入手,将数学模型与绿色供应链企业实践相结合,试图为现实的绿色供应链的创新投入决策提供理论支持。综上,绿色供应链创新投入决策模型及协调策略研究的总体框架如图2-2所示。

2.5 本章小结

本章通过整理绿色供应链与绿色创新的相关文献,定义了本文的绿色创新及创新投入的含义,并分析了绿色供应链与创新投入的关系;对绿色供应链创新投入进行了系统分析,分析了绿色供应链企业运营及创新投入的影响因素,并分析了绿色供应链的创新协同机制;然后分析了在合作创新情况下利益分配的原则、影响因素与协调机制;最后提出了本文要解决的主要问题,并构建了本文的研究框架。

相关
问题

| 考虑绿色供应链创新合作模式 | 考虑政府绿色补贴的绿色供应链 | 考虑绿色供应链创新投入协调策略 |

模型
构建

非合作创新 —— 考虑公平偏好

无绿色创新　　供应商创新　　制造商创新

合作创新 —— 考虑不同主导模式

供应商主导　　制造商主导

决策
理论

Stackelberg主从博弈（分散式）　　集中式决策

优化协调理论

绿色供应链创新投入决策及协调策略研究

实例
应用

实证分析

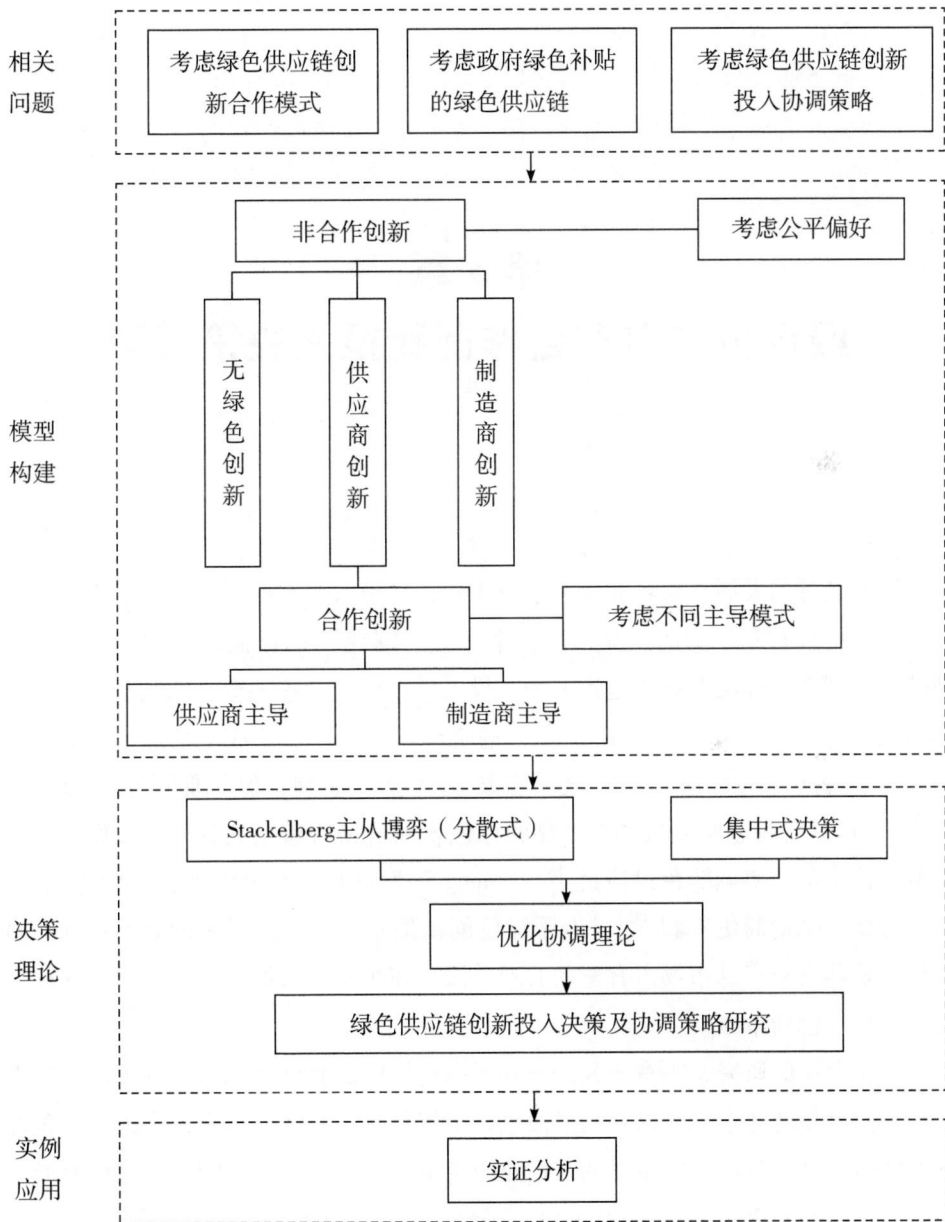

图 2 - 2　研究框架

Fig. 2 - 2　Research framework of the paper

《 第3章 》
绿色供应链非合作创新投入决策模型

随着经济的发展，市场竞争越来越激烈，环境问题也同样越来越严重，企业需要生产更具有竞争力的产品，需要生产更"绿色"的产品，这就需要企业不断的绿色创新。邵灵芝认为适当的创新投入可以提高绿色供应链的利润，过大的创新投入成本系数会使利润降低[128]。杨晓辉认为绿色创新成本增加会降低企业利润，绿色产品的政府补贴方式不会影响社会总福利，但会促进企业绿色创新[129]。Li认为绿色创新成本对产品的绿色度和价格有着很大影响，并设计了一个两级价格契约协调绿色供应链[130]。Meng认为政府补贴会促进企业绿色创新，政府补贴对制造商更有利[131]。由于绿色创新是企业可持续发展的必然选择，自主创新是其提高产品市场占有率的有效手段，在企业利己博弈的影响下，往往会采取非合作创新策略。

基于上述的研究，本章研究的是基于绿色供应链非合作创新条件下的，主要是探讨非合作博弈中供应商和制造商是否实施创新？实施创新是否会提高绿色绩效的同时提高自身收益？本章通过构建绿色供应链不同创新主体（供应商或制造商）的非合作创新投入决策模型，比较分析绿色供应链的创新投入策略。

3.1 问题描述与基本假设

本章研究以一个制造商和一个供应商构成的二级绿色供应链系统，并用"绿色度"衡量创新投入效果。下面对本章的研究做出如下假设：

假设 1：假设制造商使用绿色原材料生产绿色产品，且绿色产品满足法规规定的绿色度要求。

假设 2：假设市场上的消费者是具有绿色偏好的，愿意为绿色产品支付额外的费用。

假设 3：假设政府为了鼓励发展绿色供应链、激励企业绿色创新，给绿色产品提供政府补贴，政府补贴按创新投入成本补贴，在我国经济社会中，政府的绿色补贴对象有供应商、制造商、零售商和消费者，一般情况下，政府补贴的对象是绿色产品的制造商，比如新能源汽车产业的政府补贴对象通常为制造商和消费者，因此，这里不妨假设补贴对象为制造商。

假设 4：假设一个单位的原材料能生产一个单位的绿色产品。

假设 5：假设绿色原材料的生产成本不变，制造商生产绿色产品的单位成本不变，为了便于分析，假设制造商生产绿色产品的其它成本为 0。

本章拟解决以下三个问题：

（1）在非合作博弈下，绿色供应链的供应商和制造商创新行为能否提升绿色供应链企业利润？

（2）政府绿色补贴是否能够提高绿色供应链创新效率，又是怎样影响创新投入决策的？

（3）在非合作博弈下，绿色供应链的供应商和制造商是否会实施创新投入策略？

3.2　不同创新主体的创新投入决策模型

在 3.1 节的基础上，首先分析一下无创新投入下供应链的均衡结果，假设当供应链中供应商和制造商都没有实施绿色创新时，产品的市场需求函数为：

$$D = a - bp \qquad (3-1)$$

其中：a 为基本市场需求，$a > 0$，p 为制造商的产品价格，$p > 0$，b 为产品价格对需求的影响因子，$q = D$，并且有 $a - bp > 0$。假设制造商按市场需求生产，即生产量 $q = D$，则供应商和制造商的利润函数分别为：

$$\pi_s = (w - c)(a - bp) \qquad (3-2)$$

$$\pi_m = (p - w)(a - bp) \tag{3-3}$$

其中：w 为供应价格，c 为供应商原材料生产成本，一般情况下，$w > c > 0$。在绿色供应链中供应商的创新对于供应链的创新起着关键作用，因此，假设供应链实行供应商主导的 Stackelberg 博弈，即供应商率先给出原材料的价格之后，制造商再根据供应商的供应价格决定产品定价。

运用逆向归纳法，求得最优的供应价格、产品价格、产品需求及相关利润：

$$w_0{}^* = \frac{a + bc}{2b} , \quad P_0{}^* = \frac{3a + bc}{4b} , \quad q_0{}^* = \frac{a - bc}{4b}$$

$$\pi_{s0}{}^* = \frac{(a - bc)^2}{8b} , \quad \pi_{m0}{}^* = \frac{(a - bc)^2}{16b} , \quad \pi_0{}^* = \frac{3(a - bc)^2}{16b}$$

其中：$w_0{}^*$，$p_0{}^*$，$q_0{}^*$，$\pi_{m0}{}^*$，$\pi_0{}^*$ 分别表示无绿色创新时供应价格、产品价格、需求量、供应商利润、制造商利润、整体利润。

3.2.1　供应商创新投入决策模型

为了便于分析，本文将创新投入的各个生产要素的总和，描绘为一个创新投入的资金量，最终体现为产品的绿色度。假设供应商实施创新而制造商没有实施创新，创新会提高产品的绿色度，从而会使消费者需求增加。参考 Swami[132] 的研究，将产品的市场需求函数在式（3-1）的基础上变为：

$$D = a - bp + \gamma g \tag{3-4}$$

其中：g 为由创新投入带来的产品绿色度，$g > 0$，γ 为消费者对产品绿色度敏感系数，即消费者的绿色偏好，$\gamma > 0$，在实际问题中，当 $b > \gamma$ 时，说明产品价格对市场需求的影响要大于产品绿色度对市场需求的影响。供应商创新投入成本为 $\frac{1}{2}\delta g^2$，δ 表示供应商绿色创新的研发成本系数，$\delta > 0$。政府对绿色产品进行补贴，政府补贴给制造商，政府补贴额按创新投入成本补贴，补贴系数为 η（$0 < \eta \leqslant 1$），则补贴额为 $\frac{1}{2}\eta\delta g^2$，供应商和制造商的利润函数为：

$$\pi_s = (w - c)(a - bp + \gamma g) - \frac{1}{2}\delta g^2 \tag{3-5}$$

$$\pi_m = (p - w)(a - bp + \gamma g) + \frac{1}{2}\eta\delta g^2 \tag{3-6}$$

由于供应商采取绿色创新策略，所以会率先宣布供应价格和绿色度，随后制造商会根据供应商的决策而制定产品价格，这可以看成为供应商主导的 Stackelberg 博弈，因此有如下结论。

定理 3.1　当 $4\delta b - \gamma^2 > 0$ 时，绿色供应链的最优绿色度、供应价格及产品价格分别为：$g_1^* = \dfrac{a - bc}{4\delta b - \gamma^2}$，$w_0^* \dfrac{2\delta(a + bc) - c\gamma^2}{4\delta b - \gamma^2}$，$p_1^* = \dfrac{3\delta a + \delta bc - c\gamma^2}{4\delta b - \gamma^2}$。

证明：利用逆向归纳法，将式（3-6）对 p 求一阶导数，并令 $\dfrac{\partial \pi_m}{\partial p} = 0$，得：

$$p = \frac{a + wb + \gamma g}{2b} \tag{3-7}$$

将式（3-7）代入式（3-5）得：

$$\pi = \frac{1}{2}(w - c)(a + \gamma g - wb) - \frac{1}{2}\delta g^2 \tag{3-8}$$

令 $\dfrac{\partial \pi}{\partial g} = 0$，$\dfrac{\partial \pi_s}{\partial w} = 0$，得：

$$g = \frac{(w - c)\gamma}{2\delta} \tag{3-9}$$

$$w = \frac{a + \gamma g + bc}{2b} \tag{3-10}$$

式（3-9）与式（3-10）联立解，得：

$$g_1^* = \frac{(a - bc)\gamma}{4\partial b - \gamma^2} \tag{3-11}$$

$$w_1^* = \frac{2\partial(a + bc) - c\gamma}{4\partial b - \gamma^2} \tag{3-12}$$

此外，对式（3-8）分别求 g、w 的二阶偏导，得到 Hessian 矩阵 H_1：

$$H_1 = \begin{bmatrix} \dfrac{\partial^2 \pi_s}{\partial g2} & \dfrac{\partial^2 \pi_s}{\partial g \partial w} \\ \dfrac{\partial^2 \pi_s}{\partial w \partial g} & \dfrac{\partial^2 \pi_s}{\partial w^2} \end{bmatrix} = \begin{bmatrix} -\partial & \dfrac{1}{2}\gamma \\ \dfrac{1}{2}\gamma & -b \end{bmatrix} \tag{3-13}$$

因为 Hessian 矩阵 H_1 的顺序主子式为 $-\partial$ 和 $|H_1| = \partial b - \dfrac{1}{4}\gamma^2$，其中 $\partial > 0$，所以当 $4\partial b - \dfrac{1}{4}\gamma^2 > 0$ 时，π_s 是关于 g 和 w 的联合凹函数。因此，由式（3-11）

和式（3-12）得到的产品绿色度 $g_1{}^*$ 和供应价格 $w_1{}^*$ 是最优的。

将式（3-11）和式（3-12）代入式（3-7），得最优的产品价格 $p_1{}^*$：

$$p_1{}^* = \frac{3\partial a + \partial bc - c\gamma^2}{4\partial b - \gamma^2} \qquad (3-14)$$

定理得证。

将式（3-11）至（3-13）代入到式（3-5）和式（3-6）得出：

$$\pi_{s_1}{}^* = \frac{\partial(a - bc)^2}{2(4\partial b - \gamma^2)} \qquad (3-15)$$

$$\pi_{m_1}{}^* = \frac{\partial(a - bc)^2(2\partial b + \eta\gamma^2)}{2(4\partial b - \gamma^2)^2} \qquad (3-16)$$

$$\pi_{z_1}{}^* = \frac{\partial(a - bc)^2[6\partial b - (1 - \eta)\gamma^2]}{2(4\partial b - \gamma^2)^2} \qquad (3-17)$$

其中：$p_1{}^*$、$\pi_{s_1}{}^*$、$\pi_{m_1}{}^*$、$\pi_{z_1}{}^*$ 分别表示供应商实施创新制造商没有实施创新时，产品价格、供应商利润、制造商利润、供应链整体利润的最优值。

在定理 3.1 的条件下，可以得到性质 3.1 至性质 3.4。

性质 3.1　绿色供应链成员利润满足：$\pi_{s_1}{}^* > \pi_{s_0}{}^*$，$\pi_{m_1}{}^* > \pi_{m_0}{}^*$。

证明：当 $4\partial b - \gamma^2 > 0$ 时，易得：

$$\pi_{s_1}{}^* - \pi_{s_0}{}^* = \frac{(a - bc)^2\gamma^2}{8b(4\partial b - \gamma^2)} > 0,$$

$$\pi_{m_1}{}^* - \pi_{m_0}{}^* = \frac{(a - bc)^2\gamma^2[8\partial b(1 + \eta) - \gamma^2]}{16b(4\partial b - \gamma^2)^2} > 0。$$

性质 3.1 表明，供应商的创新能够提高自身和供应链整体的经济绩效，同时可以使制造商"搭便车"而获得更多利润。

性质 3.2　供应价格和产品价格满足：$w_1{}^* > w_0{}^*$，$p_1{}^* > p_0{}^*$。

证明：当 $4\partial b - \gamma^2 > 0$ 时，因为 $a - bp > 0$，$p > c$，所以 $a - bp > 0$，那么有：

$$w_1{}^* - w_0{}^* = \frac{(a - bc)\gamma^2}{2b(4\partial b - \gamma^2)} > 0, p_1{}^* - p_0{}^* = \frac{(a - bc)\gamma^2}{4b(4\partial b - \gamma^2)} > 0。$$

性质 3.2 表明，供应链中供应商实施创新时，由于创新需要投入成本，这会导致供应商提高供应价格，产品价格自然也会提高。

性质 3.3　$g_1{}^*$、$w_1{}^*$、$p_1{}^*$、$\pi_{s_1}{}^*$、$\pi_{m_1}{}^*$、$\pi_{z_1}{}^*$ 都是关于 ∂ 的减函数、关于 γ 的增函数。

证明：当 $4\partial b - \gamma^2 > 0$ 时，将式（3-12）、（3-13）、（3-15）至（3-18）对 ∂、γ 求导，可得：

$$\frac{\partial b_1^*}{\partial \delta} = -\frac{4b(a-bc)}{(4\partial b - \gamma^2)} < 0, \frac{\partial w_1^*}{\partial \delta} = -\frac{2(a-bc)\gamma^2}{(4\partial b - \gamma^2)} < 0, \frac{\partial p_1^*}{\partial \delta} = -\frac{3(a-bc)\gamma^2}{(4\partial b - \gamma^2)^2} < 0$$

$$\frac{\partial \pi_{z_1}^*}{\partial \delta} = \frac{(a-bc)\gamma^2 [8\partial b - \gamma^2 + \eta(4\partial b - \gamma^2)]}{2(4\partial b - \gamma^2)^3} < 0,$$

$$\frac{\partial \pi_{s_1}^*}{\partial \gamma} = \frac{a\gamma(a-bc)^2}{(4\delta b - \gamma^2)^2} > 0, \frac{\partial \pi_{m_1}^*}{\partial \gamma} = \frac{\delta\gamma(a-bc)^2 [\eta(4\delta b + \gamma^2] + 4\delta b}{(4\delta b - \gamma^2)^3} > 0 。$$

所以 g_1^*、w_1^*、p_1^*、$\pi_{s_1}^*$、$\pi_{m_1}^*$ 是关于 δ 的减函数、关于 γ 的增函数。由于 $\pi_{z_1}^* = \pi_{m_1}^* + \pi_{s_1}^*$，所以 π_{z_1} 也是关于 δ 的减函数、关于 γ 的增函数。

性质 3.3 表明，当供应商实施创新时，产品的绿色度、供应价格、产品价格、供应商利润、制造商利润和供应链整体利润等均随着创新投入成本系数的增加而减少、随着消费者对绿色偏好系数的增加而增加。

性质 3.4　　$\pi_{m_1}^*$、$\pi_{z_1}^*$ 是关于 η 的增函数。

证明：将式（3-17）、（3-18）对 η 求导，得：

$$\frac{\partial \pi_{m_1}^*}{\partial \eta} = \frac{\delta(a-bc)^2 \gamma^2}{2(4\delta b - \gamma^2)^2} > 0, \frac{\partial \pi_{z_1}^*}{\partial \eta} = \frac{\delta(a-bc)^2 \gamma^2}{2(4\delta b - \gamma^2)^2} > 0 。$$

性质 3.4 表明，当政府对企业的绿色创新进行补贴，补贴方式是按创新投入成本补贴给制造商时，随着政府补贴系数的增加，制造商利润和供应链整体利润相应增加；由于 g_1^*、w_1^*、p_1^*、$\pi_{s_1}^*$ 的最优解的表达式里没有 η，这说明政府补贴对供应商利润、产品绿色度、供应价格、产品价格没有影响。

通过上述论述可以知道，绿色供应链中供应商的创新投入能够提升供应商、制造商和绿色供应链整体的经济绩效，同时通过绿色产品的"节能减排"也能实现环境绩效。

3.2.2　制造商创新投入决策模型

假设供应链中供应商不实施绿色创新而制造商实施绿色创新，为了便于分析与比较，假设无论由谁创新，创新投入成本与创新投入努力程度都满足二次方关系，且系数不变，制造商的创新投入成本为 $\frac{1}{2}\delta g^2$，此时供应商和制造商的利润函数在式（3-2）、（3-3）的基础上变为：

$$\pi_s = (w - c)(a - bp + \gamma g \tag{3-18}$$

$$\pi = (p - w)(a - bp + \gamma g) - \frac{1}{2}\delta g^2 + \frac{1}{2}\eta\delta g^2 \tag{3-19}$$

由于制造商实施绿色创新，所以制造商会率先宣布产品价格和绿色度，从而能够决定市场需求量，供应商会根据市场需求和制造商的决策来决定供应价格，这可以看成为制造商主导的 Stackelberg 博弈。在现实供应链中，处于强势地位的成员具有较强的议价能力，强势地位的制造企业能够影响供应商的供应价格，比如苹果、通用汽车等制造商具有强势地位，所以会压低供应商的供应价格来提高自身利益，同样技术处于行业领先地位的供应商也会在制造商销量大幅增长的情况下抬高供应价格。因此，我们可以把供应商给制造商的供应价格分为不变定价和可变定价两种情况来进行讨论。

定理 3.2 （1）若供应商供应价格不变，则当 $2\delta b(1 - \eta) - \gamma^2 > 0$ 时，绿色供应链的最优绿色度、供应价格及产品价格分别为：$g_2^{1*} = \dfrac{(a - bc)\gamma}{4\delta b(1 - \eta) - 2\gamma^2}$，

$w_2^{1*} = w_0^* = \dfrac{a + bc}{2b}$，$p_2^{1*} = \dfrac{\delta b(3a + bc)(1 - \eta) - (a + bc)\gamma^2}{2b[2\delta b(1 + \eta) - \gamma^2]}$；

（2）若供应商供应价格可变，则当 $4\delta b(1 - \eta) - \gamma^2 > 0$ 时，绿色供应链的最优绿色度、供应价格及产品价格分别为：

$$g_2^{2*} = \frac{(a - bc)\gamma}{4\delta b(1 - \eta) - \gamma^2}, w_2^{2*} = \frac{2\delta(a + bc)(1 - \eta) - c\gamma^2}{4\delta b(1 - \eta) - \gamma^2},$$

$$p_2^{2*} = \frac{\delta(3a + bc)(1 - \eta) - c\gamma^2}{4\delta b(1 - \eta) - \gamma^2}。$$

证明：将式（3-19）对 p 和 g 求一阶导数，令 $\dfrac{\partial \pi_m}{\partial p} = 0$，$\dfrac{\partial \pi_m}{\partial g} = 0$，得：

$$p = \frac{a + wb + \gamma g}{2b} \tag{3-20}$$

$$g = \frac{(p - w)\gamma}{(1 - \eta)\delta} \tag{3-21}$$

（1）若供应商供应价格不变，则 $w_2^{1*} = w_0^* = \dfrac{a + bc}{2b}$，将 w_2^{1*} 代入到式（3-20）和式（3-21），联立解得：

$$b_2^{1*} = \frac{(a-bc)\gamma}{4\delta b(1-\eta)-2\gamma^2} \qquad (3-22)$$

$$p_2^{1*} = \frac{\delta b(3a+bc)(1-\eta)-(a+bc)\gamma^2}{2b[2\delta b(1-\eta)-\gamma^2]} \qquad (3-23)$$

当 $2\delta b(1-\eta)-\gamma^2 > 0$ 时，π_m 是关于 g 和 p 的联合凹函数，所以 w_2^{1*}、g_1^{1*}、p_2^{1*} 分别表示供应商提供原材料的价格不变时，供应价格、产品绿色度、产品价格的最优值。

（2）若供应价格可变，求解方法同上，可得：

$$g_2^{2*} = \frac{(a-bc)\gamma}{4\delta b(1-\eta)-\gamma^2} \qquad (3-24)$$

$$w_2^{2*} = \frac{2\delta(a+bc)(1-\eta)-c\gamma^2}{4\delta b(1-\eta)-\gamma^2} \qquad (3-25)$$

$$p_2^{2*} = \frac{\delta(3a+bc)(1-\eta)-c\gamma^2}{4\delta b(1-\eta)-\gamma^2} \qquad (3-26)$$

当 $4\delta b(1-\eta)-\gamma^2 > 0$ 时，π_m 是关于 g 和 p 的联合凹函数，所以 w_2^{2*}、g_2^{2*}、p_2^{2*} 分别表示供应商供应价格可变时，供应价格、产品绿色度、产品价格的最优值。定理得证。

将 w_2^{1*}、g_1^{1*}、p_2^{1*} 和 w_2^{2*}、g_2^{2*}、p_2^{2*} 代入式（3-18）与式（3-19）可得：

$$\pi_{s_2}^{1*} = \frac{\delta(a-bc)^2(1-\eta)}{4[2\delta b(1-\eta)-\gamma^2]} \qquad (3-27)$$

$$\pi_{m_2}^{1*} = \frac{\delta(a-bc)^2(1-\eta)}{8[2\delta b(1-\eta)-\gamma^2]} \qquad (3-28)$$

$$\pi_{z_2}^{1*} = \frac{3\delta(a-bc)^2(1-\eta)}{8[2\delta b(1-\eta)-\gamma^2]} \qquad (3-29)$$

$$\pi_{s_2}^{2*} = \frac{2b\delta^2(a-bc)^2(1-\eta)^2}{4\delta b(1-\eta)-\gamma^2]^2} \qquad (3-30)$$

$$\pi_{m_2}^{2*} = \frac{\delta(a-bc)^2(1-\eta)^2[2\delta b(1-\eta)-\gamma^2]}{2[4\delta b(1-\eta)-\gamma^2]^2} \qquad (3-31)$$

$$\pi_{z_2}^{2*} = \frac{\delta(a-bc)^2(1-\eta)^2[6\delta b(1-\eta)-\gamma^2]}{2[4\delta b(1-\eta)-\gamma^2]^2} \qquad (3-32)$$

其中：$\pi_{s_2}^{1*}$、$\pi_{m_2}^{1*}$、$\pi_{z_2}^{1*}$ 分别表示供应商供应价格不变时，供应商利润、

制造商利润、供应链整体利润的最优值；$\pi_{s_2}^{2*}$、$\pi_{m_2}^{2*}$、$\pi_{z_2}^{2*}$分别表示供应商供应价格可变时，供应商利润、制造商利润、供应链整体利润的最优值。

在定理 3.2 的条件下，可以得到性质 3.5 至性质 3.9。

性质 3.5 产品价格满足：（1）原材料的价格不变时，$p_2^{1*} > p_0^*$；（2）原材料的价格可变时，$p_2^{2*} > p_0^*$。

证明：（1）供应商供应价格不变，当 $2\delta b(1-\eta)-\gamma^2 > 0$ 时，$p_2^{1*} - p_0^* =$
$$\frac{(a-bc)\gamma^2}{2b[4\delta b(1-\eta)-\gamma^2]^2} > 0 ;$$

（2）供应商供应价格可变，当 $4\delta b(1-\eta)-\gamma^2 > 0$ 时，$p_2^{2*} - p_0^* =$
$$\frac{(a-bc)\gamma^2}{4b[4\delta b(1-\eta)-\gamma^2]^2} > 0 。$$

性质 3.5 表明，无论供应商供应价格是否可变，制造商绿色创新生产出绿色产品，都会提高产品价格。

性质 3.6 若供应商供应价格可变，则有 $w_2^* > w_0^*$。

证明：当 $4\delta b(1-\eta)-\gamma^2 > 0$ 时，易得：
$$w_2^* > w_0^* = w_2^{2*} - w_0^* = \frac{(a-bc)\gamma^2}{2b[4\delta b(1-\eta)-\gamma^2]^2} > 0 。$$

性质 3.6 表明，制造商的绿色创新会生产出绿色产品，产品的价值提升，若对供应商供应价格没有约束，则供应商为追求自身利润最大化会提高供应价格。

性质 3.7 供应商利润满足：$\pi_{s_2}^* > \pi_{s_0}^*$；制造商利润满足：（1）供应商供应价格不变时，$\pi_{m_2}^* > \pi_{m_0}^*$；（2）供应商供应价格可变时，$\pi_{m_2}^* > \pi_{m_0}^*$。绿色供应链整体利润满足：$\pi_{z_2}^* > \pi_0^*$。

证明：（1）供应商供应价格不变，当时 $2\delta b(1-\eta)-\gamma^2 > 0$，
$$\pi_{s_1}^* - \pi_{s_0}^* = \pi_{s_2}^* - \pi_{s_0}^* = \frac{\gamma^2(a-bc)^2}{8b[2\delta b(1-\eta)-\gamma^2]} > 0 ,$$

$$\pi_{m_2}^* - \pi_{m_0}^* = \pi_{m_2}^* - \pi_{m_0}^* = \frac{\gamma^2(a-bc)^2}{16b[2\delta b(1-\eta)-\gamma^2]} > 0 ,$$

$$\pi_{z_2}^* - \pi_0^* = \pi_{z_2}^* - \pi_0^* = \frac{3\gamma^2(a-bc)^2}{16b[2\delta b(1-\eta)-\gamma^2]} > 0 ,$$

（2）供应商供应价格可变，当 $4\delta b(1-\eta) - \gamma^2 > 0$ 时，

$$\pi_{s_2}{}^* - \pi_{s_0}{}^* = \pi_{s_2}{}^{2*} - \pi_{s_0}{}^* = \frac{\gamma^2[8\delta b(1-\eta) - \gamma^2](a-bc)^2}{8b[4\delta b(1-\eta) - \gamma^2]^2} > 0,$$

$$\pi_{m_2}{}^* - \pi_{m_0}{}^* = \pi_{m_2}{}^{2*} - \pi_{m_0}{}^* = \frac{\gamma^4(a-bc)^2}{16b[4\delta b(1-\eta) - \gamma^2]^2} > 0,$$

$$\pi_{z_2}{}^* - \pi_{z_0}{}^* = \pi_{z_2}{}^{2*} - \pi_{z_0}{}^* = \frac{[16\delta b(1-\eta) - \gamma^2]\gamma^2(a-bc)^2}{16b[4\delta b(1-\eta) - \gamma^2]^2} > 0。$$

性质 3.7 表明，制造商实施绿色创新能够提升供应链的整体利润，可以使供应商"搭便车"而获得更多利润。当供应价格是固定价格时，制造商绿色创新会使其自身利润提高；若供应价格是可变价格时，由于产品绿色度提升使产品价值提高，供应商为追求自身利益最大化会提高供应价格，相对于制造商，虽然产品绿色度提升导致产品价格提高，但是供应商会分得更多的超额利润，由于创新投入成本是制造商承担的，所以与无绿色创新时的利润相比制造商利润会有所下降。

性质 3.8　$g_2{}^{1*}$、$p_2{}^{1*}$、$\pi_{s_2}{}^{1*}$、$\pi_{z_2}{}^{1*}$、$g_2{}^{2*}$、$w_2{}^{2*}$、$p_2{}^{2*}$、$\pi_{s_2}{}^{2*}$、$\pi_{z_2}{}^{2*}$ 都是关于 γ 的减函数，关于 γ 的增函数，而 $\pi_{m_2}{}^{2*}$ 是关于 δ 的增函数、关于 γ 的减函数。

证明：（1）供应商供应价格不变，当 $2\delta b(1-\eta) - \gamma^2 > 0$ 时，将 $g_2{}^{1*}$、$g_2{}^{1*}$、$\pi_{s_2}{}^{1*}$、$\pi_{m_2}{}^{1*}$、$\pi_{z_2}{}^{1*}$ 对 γ、δ 求导：

$$\frac{\partial g_2{}^{1*}}{\partial \gamma} = \frac{(a-bc)[4\delta b(1-\eta) + 2\gamma^2]}{4[2\delta b(1-\eta) - \gamma^2]} > 0, \quad \frac{\partial g_2{}^{1*}}{\partial \delta} = \frac{-b(a-bc)(1-\eta)\gamma}{\partial \delta[2\delta b(1-\eta) - \gamma^2]^2} < 0,$$

$$\frac{\partial g_2{}^{1*}}{\partial \gamma} = \frac{\partial \gamma(a-bc)(1-\eta)}{4[2\delta b(1-\eta) - \gamma^2]^2} > 0, \quad \frac{\partial p_2{}^{1*}}{\partial \delta} = \frac{-(a-bc)(1-\eta)\gamma^2}{[2\delta b(1-\eta) - \gamma^2]^2} < 0,$$

$$\frac{\partial \pi_{s_2}{}^*}{\partial \gamma} = \frac{\partial \gamma(a-bc)(1-\eta)}{2[2\delta b(1-\eta) - \gamma^2]^2} > 0, \quad \frac{\partial \pi_{s_2}{}^{1*}}{\partial \delta} = \frac{-\gamma^2(a-bc)^2(1-\eta)}{4[2\delta b(1-\eta) - \gamma^2]^2} < 0,$$

$$\frac{\partial \pi_{m_2}{}^*}{\partial \gamma} = \frac{\partial \gamma(a-bc)(1-\eta)}{4[2\delta b(1-\eta) - \gamma^2]^2} > 0, \quad \frac{\partial \pi_{m_2}{}^{1*}}{\partial \delta} = \frac{-\gamma^2(a-bc)^2(1-\eta)}{8[2\delta b(1-\eta) - \gamma^2]^2} < 0,$$

$$\frac{\partial \pi_{z_2}{}^*}{\partial \gamma} = \frac{3\partial \gamma(a-bc)^2(1-\eta)}{4[2\delta b(1-\eta) - \gamma^2]^2} > 0, \quad \frac{\partial \pi_{z_2}{}^{1*}}{\partial \delta} = \frac{-3(a-bc)^2(1-\eta)\gamma^2}{8[2\delta b(1-\eta) - \gamma^2]^2} < 0,$$

（2）供应商供应价格可变，当 $4\delta b(1-\eta) - \gamma^2 > 0$ 时，将 $g_2{}^{2*}$、$w_2{}^{2*}$、$p_2{}^{2*}$、$\pi_{s_2}{}^{2*}$、$\pi_{z_2}{}^{2*}$、$\pi_{m_2}{}^{2*}$ 对 γ、δ 求导：

$$\frac{\partial g_2^{2*}}{\partial \gamma} = \frac{(a-bc)\left[4\delta b(1-\eta)+\gamma^2\right]}{\left[4\delta b(1-\eta)-\gamma^2\right]^2} > 0 , \quad \frac{\partial g_2^{2*}}{\partial \delta} = \frac{-4b(a-bc)(1-\eta)\gamma}{\left[4\delta b(1-\eta)-\gamma^2\right]^2} < 0 ,$$

$$\frac{\partial w_2^{2*}}{\partial \gamma} = \frac{4\delta b(a-bc)(1-\eta)}{\left[4\delta b(1-\eta)-\gamma^2\right]^2} > 0 , \quad \frac{\partial w_2^{2*}}{\partial \delta} = \frac{-2b(a-bc)(1-\eta)\gamma^2}{\left[4\delta b(1-\eta)-\gamma^2\right]^2} < 0 ,$$

$$\frac{\partial p_2^{2*}}{\partial \gamma} = \frac{6\delta\gamma(a-bc)(1-\eta)}{\left[4\delta b(1-\eta)-\gamma^2\right]^2} > 0 , \quad \frac{\partial p_2^{2*}}{\partial \delta} = \frac{-3(a-bc)(1-\eta)\gamma^2}{\left[4\delta b(1-\eta)-\gamma^2\right]^2} < 0 ,$$

$$\frac{\partial \pi_{s_2}^{2*}}{\partial \gamma} = \frac{6\delta\gamma(a-bc)(1-\eta)}{\left[4\delta b(1-\eta)-\gamma^2\right]^2} > 0 , \quad \frac{\partial \pi_{s_2}^{2*}}{\partial \delta} = \frac{-4b\delta\gamma^2(a-bc)^2(1-\eta)^2}{\left[4\delta b(1-\eta)-\gamma^2\right]^3} < 0 ,$$

$$\frac{\partial \pi_{m_2}^{2*}}{\partial \gamma} = \frac{-\partial\gamma^3(a-bc)^2(1-\eta)}{\left[4\delta b(1-\eta)-\gamma^2\right]^3} > 0 , \quad \frac{\partial \pi_{m_2}^{2*}}{\partial \delta} = \frac{(a-bc)^2(1-\eta)\gamma^4}{2\left[4\delta b(1-\eta)-\gamma^2\right]^3} > 0 ,$$

$$\frac{\partial \pi_{z_2}^{2*}}{\partial \gamma} = \frac{\partial\gamma(a-bc)^2(1-\eta)\left[8\delta b(1-\eta)-\gamma^2\right]}{\left[4\delta b(1-\eta)-\gamma^2\right]^3} > 0 ,$$

$$\frac{\partial \pi_{z_2}^{2*}}{\partial \delta} = \frac{-(a-bc)^2(1-\eta)\gamma^2\left[8\delta b(1-\eta)-\gamma^2\right]}{2\left(2\delta b(1-\eta)-\gamma^2\right)^3} < 0 ,$$

性质 3.8 表明，制造商实施绿色创新时，产品绿色度、产品价格、供应商利润、整体利润会随着消费者绿色偏好增加或创新投入成本系数的减少而增加；制造商利润在供应价格不变时，会随着消费者绿色偏好增加或创新投入成本系数的减少而增加，在供应价格可变时，会随着消费者绿色偏好增加或创新投入成本系数的减少而减少。

性质 3.9　g_2^{1*}、p_2^{1*}、$\pi_{s_2}^{1*}$、g_2^{2*}、w_2^{2*}、g_2^{2*}、w_2^{2*}、p_2^{2*}、$\pi_{s_2}^{2*}$、$\pi_{z_2}^{2*}$ 都是关于 η 的增函数，而 $\pi_{m_2}^2$ 是关于 η 减函数。

证明：（1）供应商供应价格不变，当 $2\delta b(1-\eta)-\gamma^2 > 0$ 时，将 g_2^{1*}、p_2^{1*}、$\pi_{s_2}^{1*}$、g_2^{2*}、w_2^{2*}、对 η 求导：

$$\frac{\partial g_2^{1*}}{\partial \eta} = \frac{\partial\gamma b(a-bc)}{\left[2\delta b(1-\eta)-\gamma^2\right]^2} > 0 , \quad \frac{\partial p_2^{1*}}{\partial \eta} = \frac{\partial\gamma^2(a-bc)}{2\left[\delta b(1-\eta)-\gamma^2\right]^2} > 0 ,$$

$$\frac{\partial \pi_{\{s_2\}}^{1*}}{\partial \eta} = \frac{\partial\gamma^2(a-bc)^2}{4\left[2\delta b(1-\eta)-\gamma^2\right]^2} > 0 , \quad \frac{\partial \pi_{m_2}^{1*}}{\partial \eta} = \frac{\partial\gamma^2(a-bc)^2}{8\left[2\delta b(1-\eta)-\gamma^2\right]^2} > 0 ,$$

$$\frac{\partial \pi_{z_2}^{1*}}{\partial \eta} = \frac{3\partial\gamma^2(a-bc)^2}{8\left[2\delta b(1-\eta)-\gamma^2\right]^2} > 0 ;$$

（2）供应商供应价格可变，当 $2\delta b(1-\eta)-\gamma^2$ 时，将 g_2^{2*}、w_2^{2*}、p_2^{2*}、$\pi_{s_2}^{2*}$、$\pi_{z_2}^{2*}$、$\pi_{m_2}^{2*}$ 对 η 求导：

$$\frac{\partial {g_2}^{1*}}{\partial \eta} = \frac{(a-bc)\gamma}{[4\delta b(1-\eta)-\gamma^2]^2} > 0 \ , \quad \frac{\partial {w_2}^{2*}}{\partial \eta} = \frac{2\partial(a-bc)\gamma^2}{4\delta b(1-\eta)-\gamma^2]^2} > 0 \ ,$$

$$\frac{\partial {p_2}^{2*}}{\partial \eta} = \frac{3\delta(a-bc)\gamma^2}{[4\delta b(1-\eta)-\gamma^2]^2} > 0 \ , \quad \frac{\partial {\pi_{|s_2\}}}^{2*}}{\partial \eta} = \frac{4b\partial^2(a-bc)^2(1-\eta)-\gamma^2}{[4\delta b(1-\eta)-\gamma^2]^3} > 0 \ ,$$

$$\frac{\partial {\pi_{m_2}}^{2*}}{\partial \eta} = \frac{-\delta(a-bc)^2\gamma^4}{2[4\delta b(1-\eta)-\gamma^2]^3} < 0 \ , \quad \frac{\partial {\pi_{|s_2\}}}^{2*}}{\partial \eta} = \frac{\delta(a-bc)^2[8\delta b(1-\eta)-\gamma^2]}{2[4\delta b(1-\eta)-\gamma^2]^3} > 0 \ 。$$

性质 3.9 表明，供应链中供应商不实施创新制造商实施创新时，政府补贴按创新投入成本补贴给制造商，随着政府补贴系数的增加，产品绿色度、产品价格、供应商利润、供应链整体利润均增加。政府补贴能够提高绿色供应链整体利润，有利于绿色创新，从而提高产品的绿色度。但若是处于强势地位的供应商供应价格为可变的，供应商为了自身利益会提高供应价格，供应商获得了更多利润，这样制造商的利润反而减少了，所以制造商绿色创新的前提是供应价格不变，并不会因为政府补贴而改变；若供应商供应价格不变，则政府补贴越高，越能激励绿色创新。这说明，绿色供应链中无论供应商还是制造商实施绿色创新，都会使产品绿色度增加，从而提高产品在消费者心目中的价值，并进一步带动制造商提高产品销售价格，最终提高供应链整体利润。

3.3　创新投入实施策略博弈分析

在非合作博弈中，参与者都是以自身利益出发进行决策。将绿色供应链上的供应商和制造商不同的创新策略的利润进行比较。

（1）供应商供应价格不变时，

$$\pi_{s_2\}}^* - \pi_{s_1}^* = \pi_{s_2}^* - \pi_{s_1}^* = \frac{\delta\gamma^2(a-bc)^2}{4[4\delta b(1-\eta)-\gamma^2](4\delta b-\gamma^2)} > 0 \ ,$$

$$\pi_{m_2}^* - \pi_{m_1}^* = \pi_{m_2}^* - \pi_{m_1}^* = \frac{\delta\gamma^2(a-bc)^2[8\delta b\eta^2+(1-\frac{1}{2}\eta)\gamma^2]}{8[2\delta b(1-\eta)-\gamma^2](4\delta b-\gamma^2)^2} > 0 \ ,$$

（2）供应商供应价格可变时，

$$\pi_{s_2}^* - \pi_{s_1}^* = \pi_{s_2}^* - \pi_{s_1}^* = \frac{\delta\gamma^2(a-bc)^2[8\delta b(1-\eta)-4\delta b(1-\eta)^2-\gamma^2]}{2[4\delta b(1-\eta)-\gamma^2](4\delta b-\gamma^2)} > 0 \ 。$$

前文在 3.2 节中已经得出 $\pi_{m_1}^* > \pi_{m_0}^*$，$\pi_{m_2}^* > \pi_{m_0}^*$，因此 $\pi_{m_1}^* > \pi_{m_2}^*$。结

合前文结果，则有 $\pi_{s_2}{}^* > \pi_{s_1}{}^* > \pi_{s_0}{}^*$，所以供应商供应价格不变时 $\pi_{m_2}{}^* > \pi_{m_1}{}^*$ $> \pi_{m_0}{}^*$,，供应商供应价格可变时，$\pi_{m_1}{}^* > \pi_{m_0}{}^* > \pi_{m_2}{}^*$。

　　供应链中供应商实施绿色创新的情况下，供应商和制造商的利润都会提高，而在制造商实施绿色创新的情况下，供应商若是以长期不变价格提供原材料，制造商的利润会提高；供应商若是可变价格供货，制造商的利润会下降，无论何种供应价格，供应商的利润和供应链整体利润都会提高。所以供应商和制造商在不知道对方的创新投入策略情况下，同时决策自身的最优策略，即追求自身利润的最大化，这样的决策最终结果就是：供应商会实施绿色创新，而制造商在供应价格不变时会实施绿色创新，而在供应价格可变情况下制造商不会实施绿色创新。

3.4　供应链双方创新投入决策模型

　　通过3.3节分析法，若双方均实施绿色创新，当绿色供应链中供应商实施绿色创新，制造商也实施了绿色创新时，此时双方的利润函数变为：

$$\pi_s = (w-c)\big[a - bp + \tau(g_s + g_m)\big] - \frac{1}{2}\alpha g_s^{2} \tag{3-33}$$

$$\pi m = (p-w)\big[a - bp + \tau(g_s + g_m)\big] - \frac{1}{2}\alpha g_m^{2} + \frac{1}{2}\eta\alpha(g_s + g_m)^{2}$$
$$\tag{3-34}$$

　　假设供应商的绿色创新使产品的绿色度为 gs，绿色创新成本为 $\frac{1}{2}\alpha gs^2$，制造商的绿色创新使产品的绿色度增加 gm，绿色创新成本为 $\frac{1}{2}\alpha gm^2$，政府对绿色产品进行补贴，补贴方式为按绿色创新成本补贴，补贴系数为 η（$0 < \eta \leqslant 1$,），则补贴额度为 $\frac{1}{2}\eta\alpha\ (g_s + g_m)^2$。

　　将（3-34）对 p 和 g_m 求一阶导数，得：

$$\frac{\partial \pi_m}{\partial p} = a - 2bp + bw + \tau(g_s + g_m) \tag{3-35}$$

$$\frac{\partial \pi_m}{\partial g_m} = (p-w)\tau + (\eta - 1)\alpha g_m \tag{3-36}$$

令 $\dfrac{\partial \pi_m}{\partial g} = 0$, $\dfrac{\partial \pi_m}{\partial g_m} = 0$ 得：

$$p = \frac{a + bw + \tau(g_s + g_m)}{2b} \qquad (3-37)$$

$$g_m = \frac{(p - w)\tau}{(1 - \eta)\alpha} \qquad (3-38)$$

将 (3-37) 代入 (3-33) 得：

$$\pi_s = \frac{1}{2}(w - c)\left[a + \tau(g_s + g_m) - wb\right] - \frac{1}{2}\alpha g_s^2 \qquad (3-39)$$

将 (3-39) 对 w 和 g_s 求一阶导数，得：

$$\frac{\partial \pi_s}{\partial w} = \frac{1}{2}(a + bc + \tau(g_s + g_m)] - wb \qquad (3-40)$$

$$\frac{\partial \pi_s}{\partial g_s} = \frac{1}{2}(w - c)\tau - ag_s \qquad (3-41)$$

令 $\dfrac{\partial \pi_s}{\partial w} = 0$, $\dfrac{\partial \pi_s}{\partial g_s} = 0$ ，得，

$$w = \frac{a + bc + \tau(g_s + g_m)}{2b} \qquad (3-42)$$

$$g_s = (\frac{w - c)\tau}{2\alpha} \qquad (3-43)$$

(3-37)、(3-38)、(3-42)、(3-43) 联立解得：

$$g_m^* = \frac{(a - bc)\tau}{4ab(1 - \eta) - (2 - \eta)\tau^2} , \ g_s^* = \frac{(a - bc)(1 - \eta)\tau}{4ab(1 - \eta) - (2 - \eta)\tau^2}$$

$$w_3^* = \frac{2a(a + bc)(1 - \eta) - (2 - \eta)c\tau^2}{4ab(1 - \eta) - (2 - \eta)\tau^2} ,$$

$$p_3^* = \frac{a(3a + bc)(1 - \eta) - (2 - \eta)c\tau^2}{4ab(1 - \eta) - (2 - \eta)\tau^2}$$

则：

$$\pi_{s_3}^* = \frac{a(a - bc)^2(1 - \eta)^2(4ab - \tau^2)}{2[4ab(1 - \eta) - (2 - \eta)\tau^2]^2} ,$$

$$\pi_{m_3}^* = \frac{a(a - bc)^2[2ab(1 - \eta)^2 + [\eta(2 - \eta)^2 - 1]\tau^2}{2[4ab(1 - \eta) - (2 - \eta)\tau^2]^2}$$

性质3.10　在供应商、制造商均有绿色创新情况下，随着消费者绿色偏好系

数的增加或研发投入成本系数的减少，产品的绿色度、批发价格、销售价格均相应增加。

证明：当 $4ab(1-\eta)-(2-\eta)\tau^2 > 0$ 时，对（40）至（45）对 α,τ 求导得：

$$\frac{\partial g_m^*}{\partial \tau} = \frac{(a-bc)[4ab(1-\eta)+(2-\eta)\tau^2]}{[4ab(1-\eta)-(2-\eta)\tau^2]^2} > 0$$

$$\frac{\partial g_s^*}{\partial \tau} = \frac{(a-bc)(1-\eta)[4ab(1-\eta)+(2-\eta)\tau^2]}{[4ab(1-\eta)-(2-\eta)\tau^2]^2} > 0$$

$$\frac{\partial w_3^*}{\partial \tau} = \frac{4\alpha\tau(a-bc)(1-\eta)(2-\eta)+4c(2-\eta)^2\tau^3}{[4ab(1-\eta)-(2-\eta)\tau^2]^2} > 0$$

$$\frac{\partial p_3^*}{\partial \tau} = \frac{6\alpha\tau(a-bc)(1-\eta)(2-\eta)+4c(2-\eta)^2\tau^3}{[4ab(1-\eta)-(2-\eta)\tau^2]^2} > 0$$

$$\frac{\partial \pi_{s_3}^*}{\partial \tau} = \frac{\alpha(a-bc)^2(1-\eta)^2[4\alpha b(1-\eta)+4ab-(2-\eta)\tau^2]}{[4ab(1-\eta)-(2-\eta)\tau^2]^3} > 0$$

$$\frac{\partial \pi_{m_3}^*}{\partial \tau} = \alpha\tau(a-bc)^2 \left\{ \frac{\eta(2-\eta)^2-1}{[4\alpha b(1-\eta)-(2-\eta)\tau^2]^2} + \frac{4ab(1-\eta)^2(2-\eta)+2(2-\eta[(2-\eta)^2-1]}{[4ab(1-\eta)-(2-\eta)\tau^2]^3} \right\} > 0$$

$$\frac{\partial g_m^*}{\partial \alpha} = \frac{4b\tau(a-bc)(1-\eta)}{4\alpha b(1-\eta)-(2-\eta)\tau^2]^2} < 0$$

$$\frac{\partial g_s^*}{\partial \alpha} = \frac{4b\tau(a-bc)(1-\eta)^2}{4\alpha b(1-\eta)-(2-\eta)\tau^2]^2} < 0$$

$$\frac{\partial w_3^*}{\partial \alpha} = \frac{2(a-bc)(1-\eta)(2-\eta)\tau^2}{[4\alpha b(1-\eta)-(2-\eta)\tau^2]^2} < 0$$

$$\frac{\partial p_3^*}{\partial \alpha} = \frac{(a-bc)(1-\eta)(2-\eta)\tau^2}{[4\alpha b(1-\eta)-(2-\eta)\tau^2]^2} < 0$$

$$\frac{\partial \pi_{s_3}^*}{\partial \alpha} = -\frac{(a-bc)^2(1-\eta)^2[8ba+4ab(1-\eta)-(2-\eta)\tau^2]}{2[4ab(1-\eta)-(2-\eta)\tau^2]^3} < 0 = -$$

$$\frac{(a-bc)^2\tau^2\{[4ba(1-\eta)[\eta(2-\eta)^2-1]+4ba(2-\eta)(1-\eta)^2+[\eta(2-\eta)^2-1](2-\eta)\tau^2\}}{2[4ab(1-\eta)-(2-\eta)\tau^2]^3}$$

得证。

性质 3.11 政府补贴按绿色创新成本补贴给制造商，随着政府补贴系数 η 的增加制造商的利润反而减少，供应商利润、供应链整体利润、产品绿色度、产品批发价格、产品销售价格增加。

证明：当 $4ab(1-\eta)-\tau^2 > 0$ 时，对（18）至（22）对 η 求导得：

$$\frac{\partial g_m^*}{\partial \eta} = \frac{(a-bc)(4\alpha b - \tau^2)\tau}{[4ab(1-\eta)-(2-\eta)\tau^2]^2} > 0$$

$$\frac{\partial g_s^*}{\partial \eta} = \frac{(a-bc)\tau^3}{[4ab(1-\eta)-(2-\eta)\tau^2]^2} > 0$$

$$\frac{\partial w_3^*}{\partial \eta} = \frac{2(a+3bc)\alpha\tau^2}{[4ab(1-\eta)-(2-\eta)\tau^2]^2} > 0$$

$$\frac{\partial p_3^*}{\partial \eta} = \frac{(3a+5bc)\alpha\tau^2}{[4ab(1-\eta)-(2-\eta)\tau^2]^2} > 0$$

$$\frac{\partial \pi_{s3}^*}{\partial \eta} = \frac{\alpha(a-bc)(4\alpha b - \tau^2)(1-\eta)\tau^2}{[4ab(1-\eta)-(2-\eta)\tau^2]^2} > 0$$

$$\frac{\partial \pi_{m3}^*}{\partial \eta} = \frac{\alpha(a-bc)(\eta^2-2\eta+3)\tau^2}{2[4ab(1-\eta)-(2-\eta)\tau^2]^2} > 0$$

得证。

3.5　数值仿真及管理启示

为了进一步讨论和验证上述模型，本节通过数值仿真进行数值分析。将前文研究的模型中的相关数值的初始值设为：$a=500$，$\delta=500$，$b=10$，$\gamma=20$，$\eta=0.3$，$c=20$。由定理 3.1，供应链无创新投入时的最优决策及利润为：供应价格 $w_0^*=35$，产品价格 $p_0^*=42.5$，供应商最优利润为 $\pi_{s_0}^*=1125$，制造商最优利润为 $\pi_{m_0}^*=562.5$，供应链的整体利润最优值为 $\pi_0^*=1687.5$。绿色供应链中供应商实施创新时，最终产品绿色度为 0.306，创新投入为 38250，供应商的利润为 1148.0，制造商的利润为 596.2，绿色供应链总利润为 1744.20。绿色供应链中制造商实施创新时，当供应商供应价格为可变价格时，产品绿色度为 0.441，供应商利润 1192.1，制造商利润为 562.0，绿色供应链总利润为 17451。当供应商供应价格为不变价格时绿色度为 0.455，供应商利润 1193.2，制造商利润为 596.6，总利润为 1789.8。

下面具体分析一下不同的绿色创新策略下消费者绿色偏好系数、创新投入成本系数以及政府补贴系数对不同创新投入决策和供应链利润的影响。

（1）消费者绿色偏好对不同创新策略均衡结果的影响

在初始值不变的情况下，公平偏好系数取值范围为 5 至 75，仿真结果见图 3-1 与图 3-2。从图 3-1 与图 3-2 可以看出，无论是哪一种供应链企业创新投入策略，产品的绿色度、供应链整体利润都随着消费者偏好系数的增加而增加，实施绿色创新策略有利于提高供应链的整体利润，在供应商供应价格不变的情况下，制造商实施绿色创新效果最好。

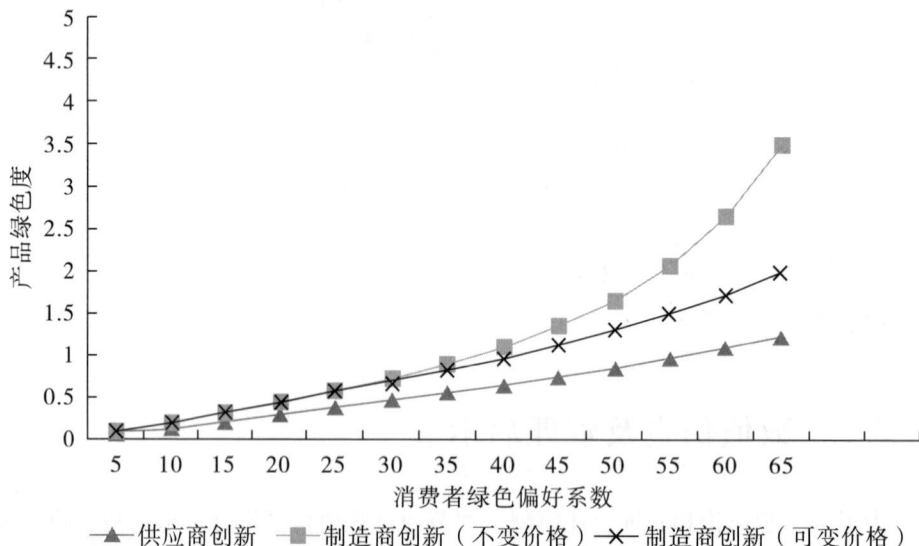

图 3-1 消费者绿色偏好系数对不同创新策略下产品绿色度的影响

Fig. 3-1 Influence of consumer's green preference coefficient on green degree of products under different innovation strategies

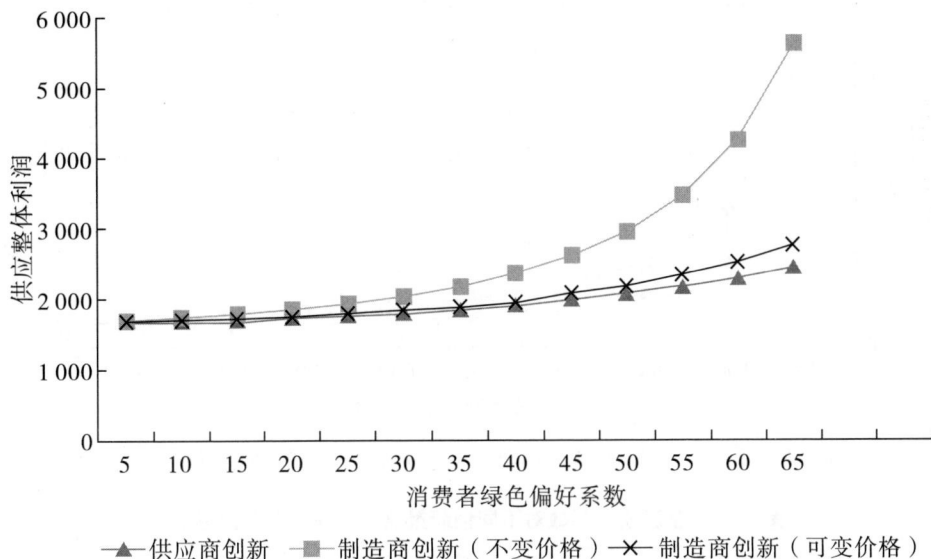

图 3 - 2　消费者绿色偏好系数对不同创新策略下供应链整体利润的影响

Fig. 3 - 2　Influence of consumer's green preference coefficient on overall profit under different innovation strategies

（2）创新投入成本系数对不同创新策略均衡结果的影响

在初始值不变的情况下，创新投入成本系数 δ 取 100 ~ 1000，仿真结果见图 3 - 3 与图 3 - 4。从图 3 - 3 与图 3 - 4 可以看出，无论是哪一种供应链企业创新投入策略，产品的绿色度、供应链整体利润都随着绿色创新成本系数的增加而减少，这说明过高的创新投入成本不利于绿色供应链的创新的实施。并可以看出在绿色创新成本系数不变的情况下，制造商的可变价格下更有利于绿色供应链的绿色创新，当绿色创新成本系数不断增加，三种创新策略下的最优利润越接近。

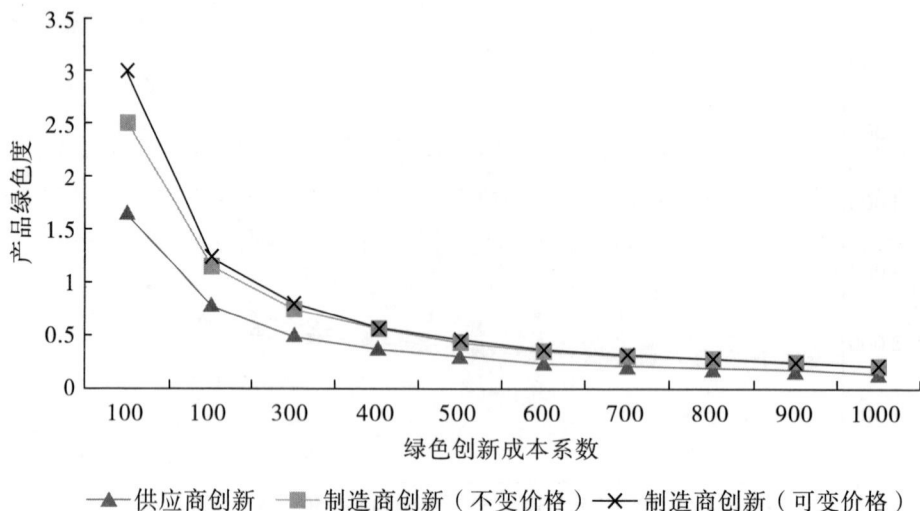

图 3 – 3 创新成本系数对不同创新策略下产品绿色度的影响

Fig. 3 – 3 Influence of innovation cost coefficient on green degree under different innovation strategies

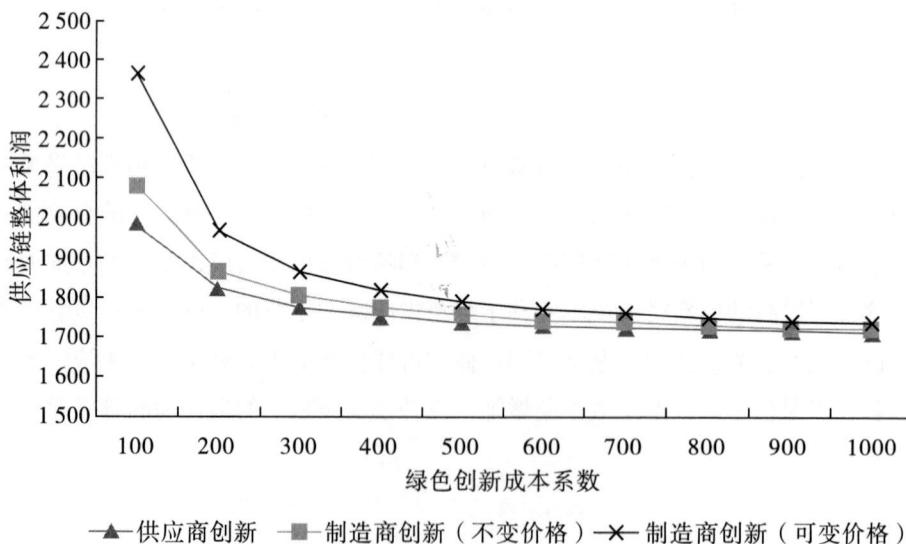

图 3 – 4 创新成本系数对不同创新策略下供应链整体利润的影响

Fig. 3 – 4 Influence of innovation cost coefficienton overall profit under different innovation strategies

（3）政府补贴系数对不同创新策略均衡结果的影响

在初始值不变的情况下，创政府补贴系数 η 取 0.1 ~ 0.9，仿真结果见图 3 - 5 与图 3 - 6。分析不同的绿色创新策略下政府补贴系数对绿色供应链的影响。由于在绿色供应链中供应商绿色创新的产品绿色度与政府补贴系数无关，所以在供应商绿色创新下，政府补贴给制造商对供应商没有影响，但随着补贴系数的增加，制造商获得的政府补贴额度随之增加，制造商利润会略有提高，从而使绿色供应链的整体利润也随之提高。

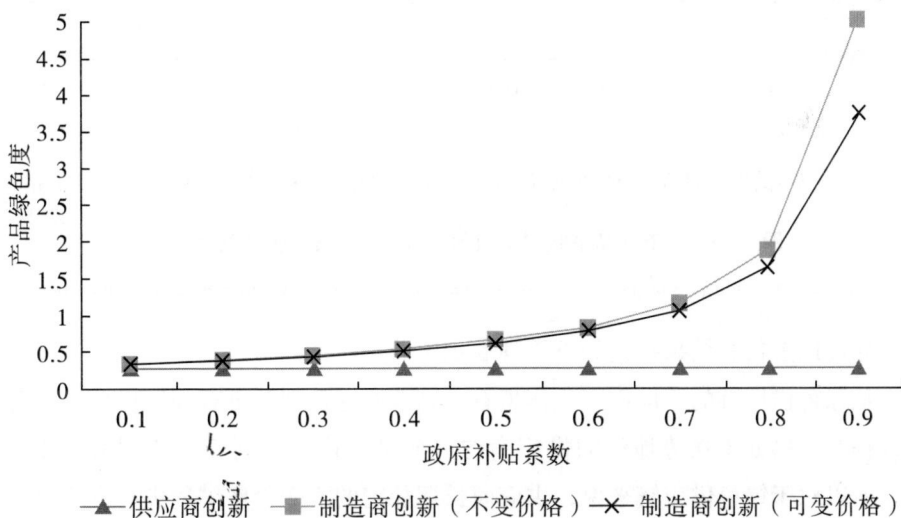

图 3 - 5　政府补贴系数对不同创新策略下供应链整体利润的影响

Fig. 3 - 5　Influence of government subsidyon green degree under different innovation strategies

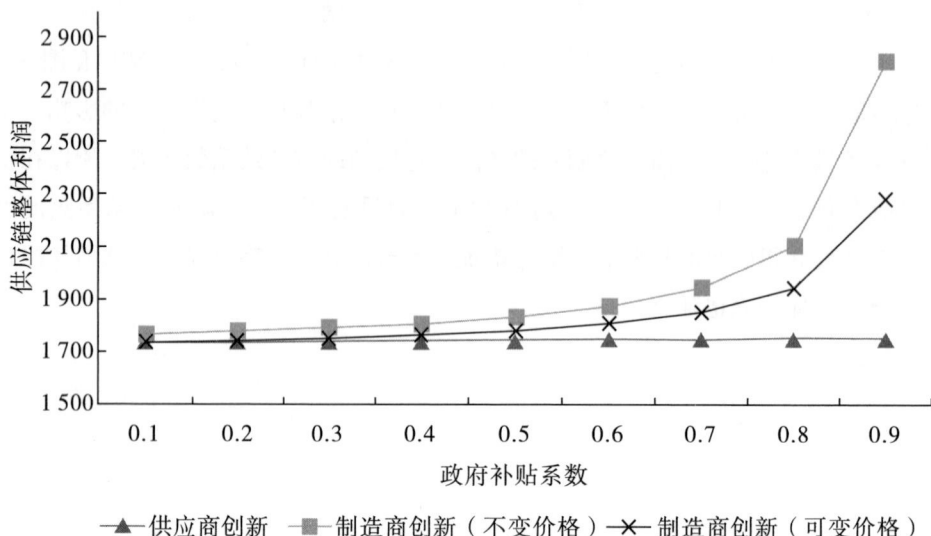

图 3-6 政府补贴系数对不同创新策略下供应链整体利润的影响

Fig. 3-6 Influence of government subsidyon overall profit under different innovation strategies

通过以上仿真结果得到如下管理启示：

从绿色供应链的不同创新主体来看，制造商绿色创新更有利于供应链整体利润的提升，但处于强势地位的供应商的可变供应价格不利于制造商增加创新投入，所以对于绿色供应链来说，供应商长期稳定的不变价格供货更有利于制造商增加创新投入，更有利于绿色供应链整体利润的提升。从政府的角度看，政府补贴系数有利于提升供应链的绿色创新，将政府补贴给绿色创新主体才更有利于绿色供应链的发展。

3.6 本章小结

本章基于供应商和制造商的两级绿色供应链，应用数学建模方法分别构建了供应商绿色创新、制造商绿色创新的绿色供应链创新投入决策模型，比较分析了各模型的均衡结果，然后基于各模型的均衡结果分析了制造商和供应商的绿色创新策略，并应用数值仿真分析和验证了模型的正确性，主要结论如下：（1）绿色供应链成员企业的创新都能够提升整体的利润，供应商的绿色创新提升其自身利润，所以供应商有实施绿色创新的动力。（2）制造商的绿色创新策略会受到供应价格策略的影响，当供应价格不变时制造商的创新可以提升其自身利润，当供应价格可变时制造商的创新反而会使自身利润减少，所以此时制造商不会实施绿色创新。

《 第 4 章 》
绿色供应链合作创新投入决策模型

随着科技的迅速发展，很多科技产品的生命周期越来越短，企业创新的压力越来越大，供应链企业自主创新的风险也不断增强，只有与供应链上的企业合作绿色创新，才能降低风险；同时，合作创新的速度更快、绿色产品开发周期更短，这样才能保证产品的市场地位，不断提高产品的竞争力及企业在市场中的竞争优势。显然，绿色供应链合作创新的成本由谁承担？收益如何分配？这些也都是需要分析的问题。近年来，在为数不多的绿色供应链合作创新研究中，Dai 将绿色供应链中的上下游企业非合作创新、基于成本分担契约的合作创新和集中式决策进行了比较，结果表明上游企业大多倾向于合作创新，而下游企业通常会倾向于非合作创新[133]。李芹芹在研究绿色供应链创新策略时，假设双方实施合作创新策略、共同分担创新投入成本，建立了绿色供应链创新决策模型，并将均衡结果与无绿色创新的均衡结果进行了比较[134]。Zhu 分析了绿色供应链创新合作的长期动态均衡策略，提出了科学合理的利润分配机制[135]。

本章的研究是基于第三章的绿色供应链非合作创新投入决策模型的基础上，构建基于成本分担的合作创新投入决策模型，下文将基于成本分担的合作创新简称为合作创新。通过对合作创新决策下和非合作创新决策下的上下游企业的决策变量和利润的比较分析，探寻最优的成本分担系数，通过集中决策模型，以社会福利最大化的角度分析最优的政府补贴系数。

4.1 基于成本分担的合作创新投入决策模型

通过前文的分析可以知道，在非合作博弈下，供应链中的供应商会选择绿色创新，而制造商是否绿色创新取决于供应商供应价格方式。根据性质 3.1 可知，供应商的绿色创新不仅使供应商的利润增加而且使制造商的利润也增加，这说明供应商的绿色创新存在纵向溢出。供应商为了自身利益会要求制造商分担创新投入成本，在前文假设条件不变的情况下，供应商和制造商共同分担绿色创新成本，假设制造商分担比例为 $\lambda(0 < \lambda < 1)$，则供应商分担比例为 $1 - \lambda$，此时，双方的利润函数在式（3 - 5）与式（3 - 6）的基础上变为：

$$\pi_s = (w - c)(a - bp + \gamma g) - \frac{1}{2}(1 - \lambda(1 - \eta)\delta g^2 \qquad (4-1)$$

$$\pi_m = (p - w)(a - bp + \gamma g) - \frac{1}{2}\lambda(1 - \eta)\delta g^2 \qquad (4-2)$$

创新主体为供应商，所以供应商会率先决定产品的绿色度，从而给出供应价格，然后制造商再根据供应商的供应价格决定产品定价，可以将其看成供应商主导的 Stackelberg 博弈。

定理 4.1 若 $4\delta b(1 - \lambda)(1 - \eta) - \gamma^2 > 0$ 时，绿色供应链的最优绿色度、供应价格及产品价格分别为：

$$g_3^* = \frac{(a - bc)\gamma}{4\delta b(1 - \lambda)(1 - \eta) - \gamma^2}, \quad w_3^* = \frac{2\delta(1 - \lambda)(1 - \eta)(a + bc) - c\gamma^2}{4\delta b(1 - \lambda)(1 - \eta) - \gamma^2},$$

$$p_3^* = \frac{\delta(3a + bc)(1 - \lambda)(1 - \eta) - c\gamma^2}{4\delta b(1 - \lambda)(1 - \eta) - \gamma^2}$$

证明：采用逆向归纳法，通过式（4 - 2）可得：

$$p = \frac{a + wb + \gamma g}{2b} \qquad (4-3)$$

将式（4 - 3）代入式（4 - 1）得：

$$\pi_s = \frac{1}{2}(w - c)(a + \gamma g - wb) - \frac{1}{2}(1 - \lambda)(1 - \eta)\delta g^2 \qquad (4-4)$$

从而求出：

$$g_3^* = \frac{(a - bc)\gamma}{4\delta b(1 - \lambda)(1 - \eta) - \gamma^2} \qquad (4-5)$$

$$w_3{}^* = \frac{2\delta(1-\lambda)(1-\eta)(a+bc)-c\gamma^2}{4\delta b(1-\lambda)(1-\eta)-\gamma^2} \qquad (4-6)$$

对式（4-4）分别求 g、w 的二阶偏导，得 Hessian 矩阵 H_2，见式（4-7）。

$$H_2 = \begin{bmatrix} \dfrac{\partial^2\pi_s}{\partial g^2} & \dfrac{\partial^2\pi_s}{\partial g\partial w} \\[2mm] \dfrac{\partial^2\pi_z}{\partial w\partial g^2} & \dfrac{\partial^2\pi_z}{\partial w^2} \end{bmatrix} = \begin{bmatrix} -\delta(1-\lambda)(1-\eta) & \dfrac{1}{2}\gamma \\[2mm] \dfrac{1}{2}\gamma & -b \end{bmatrix} \qquad (4-7)$$

因为 H_2 的顺序主子式为 $-\delta(1-\lambda)(1-\eta)$，其中 $|H_2| = \delta b(1-\lambda)(1-\eta)$ $-\dfrac{1}{4}\gamma^2$，因为 $-\delta b(1-\lambda)(1-\eta) < 0$，所以当 $4\delta b(1-\lambda)(1-\eta)-\gamma^2 > 0$ 时，π_s 是关于 g 和 w 的联合凹函数。因此，式（4-5）和式（4-6）得到的产品绿色度 $g_3{}^*$ 和供应价格 $w^3{}^*$ 是最优值。

将式（4-5）和式（4-6）代入式（4-3），得最优的产品价格 $p_3{}^*$：

$$p_3{}^* = \frac{\delta(3a+bc)(1-\lambda)(1-\eta)-c\gamma^2}{4\delta b(1-\lambda)(1-\eta)-\gamma^2} \qquad (4-8)$$

将式（4-5）、（4-6）、（4-8）代入到式（4-1）、（4-2）得出：

$$\pi_{s_3}{}^* = \frac{\delta(1-\lambda)(1-\eta)(a-bc)^2}{2[4\delta b(1-\lambda)(1-\eta)-\gamma^2]} \qquad (4-9)$$

$$\pi_{s_3}{}^* = \frac{\delta(1-\eta)(a-bc)^2[2\delta b(1-\lambda)^2(1-\eta)-\lambda\gamma^2]}{2[4\delta b(1-\lambda)(1-\eta)-\gamma^2]} \qquad (4-10)$$

$$\pi_{z_3}{}^* = \frac{\delta(a-bc)^2(1-\eta)[6\delta b(1-\eta)(1-\lambda)^2-\gamma^2]}{2[4\delta b(1-\lambda)(1-\eta)-\gamma^2]} \qquad (4-11)$$

其中：$\pi_{s_3}{}^*$、$\pi_{m_3}{}^*$、$\pi_{z_3}{}^*$ 分别表示绿色供应链合作创新时，供应商利润、制造商利润、供应链整体利润的最优值。定理得证。

在定理4.1的条件下，可以得到性质4.1至性质4.5。

性质4.1 $g_3{}^*$、$w^3{}^*$、$p_3{}^*$、$\pi_{s_3}{}^*$ 都是关于 δ 的减函数，关于 γ 的增函数，而 $\pi_{m_3}{}^*$、$\pi_{z_3}{}^*$ 关于 δ 和 γ 的单调性无法确定。

证明：当 $4\delta b(1-\lambda)(1-\eta)-\gamma^2 > 0$ 时，分别将 $g_3{}^*$、$w^3{}^*$、$p_3{}^*$、$\pi_{s_3}{}^*$、$\pi_{m_3}{}^*$、$\pi_{z_3}{}^*$ 对 γ，δ 求导，得：

$$\frac{\partial g_3{}^*}{\partial \gamma} = \frac{(a-bc)[4\delta b(1-\lambda)(1-\eta)+\gamma^2]}{[4\delta b(1-\lambda)(1-\eta)-\gamma^2]^2} > 0,$$

$$\frac{\partial g_3^*}{\partial \delta} = -\frac{4b\gamma(1-\lambda)(1-\eta)(a-bc)}{[4\delta b(1-\lambda)(1-\eta)-\gamma^2]^2} < 0,$$

$$\frac{\partial w_3^*}{\partial \gamma} = \frac{4\delta\gamma(1-\lambda)(1-\eta)(a-bc)}{[4\delta b(1-\lambda)(1-\eta)-\gamma^2]^2} > 0,$$

$$\frac{\partial w_3^*}{\partial \delta} = -\frac{2(a-bc)\gamma^2}{[4\delta b(1-\lambda)(1-\eta)-\gamma^2]^2} > 0,$$

$$\frac{\partial p_3^*}{\partial \gamma} = \frac{6\delta\gamma(1-\lambda)(1-\eta)(a-bc)}{[4\delta b(1-\lambda)(1-\eta)-\gamma^2]^2} > 0,$$

$$\frac{\partial p_3^*}{\partial \delta} = -\frac{3(a-bc)\gamma^2}{[4\delta b(1-\lambda)(1-\eta)-\gamma^2]^2} < 0,$$

$$\frac{\partial \pi_{s_3}^*}{\partial \gamma} = \frac{6\delta\gamma(1-\lambda)(1-\eta)(a-bc)}{[4\delta b(1-\lambda)(1-\eta)-\gamma^2]^2} > 0,$$

$$\frac{\partial \pi_{s_3}^*}{\partial \delta} = -\frac{(a-bc)^2\gamma^2}{[2\delta b(1-\lambda)(1-\eta)-\gamma^2]^2} < 0,$$

$$\frac{\partial \pi_{m_3}^*}{\partial \gamma} = \frac{\delta\gamma(1-\eta)(a-bc)^2[4\delta b(1-\lambda)(1-\eta)(1-2\lambda)-\lambda\gamma^2]}{[4\delta b(1-\lambda)(1-\eta)-\gamma^2]^3},$$

$$\frac{\partial \pi_{m_3}^*}{\partial \delta} = \frac{(1-\eta)(a-bc)^2\gamma^2[4\delta b(1-\lambda)(1-\eta)(1-2\lambda)+\lambda\gamma^2]}{2[4\delta b(1-\lambda)(1-\eta)-\gamma^2]^3},$$

$$\frac{\partial \pi_{z_3}^*}{\partial \gamma} = \frac{\delta\gamma(1-\eta)(a-bc)^2[4\delta b(1-\lambda)(1-\eta)(2-3\lambda)-\gamma^2]}{[4\delta b(1-\lambda)(1-\eta)-\gamma^2]^3},$$

$$\frac{\partial \pi_{z_3}^*}{\partial \delta} = \frac{\delta\gamma(1-\eta)(a-bc)^2[4\delta b(1-\lambda)(1-\eta)(3\lambda-2)+\gamma^2]}{[4\delta b(1-\lambda)(1-\eta)-\gamma^2]^3}。$$

性质 4.1 表明，当基于成本分担的合作创新时，产品绿色度、供应价格、产品价格、供应商的利润会随着消费者绿色偏好的增加而增加，随着创新投入成本系数的增加而减少。而制造商利润和供应链整体利润的单调性无法确定，制造商利润和供应链整体利润应该和绿色创新成本分担系数有关，分担系数并不是越多或越少最好，而是应该存在一个最优值。

性质 4.2　绿色供应链合作绿色创新，满足：$g_3^* > g_1^*$，$w_3^* > w_1^*$，$p_3^* > p_1^*$，$\pi_{s_3}^* > \pi_{s_1}^*$。

证明：当 $4\delta b(1-\lambda)(1-\eta)-\gamma^2 > 0$ 时，

$$g_3^* - g_1^* = \frac{(a-bc)\gamma}{4\delta b(1-\lambda)(1-\eta)-\gamma^2} - \frac{(a-bc)\gamma}{4\delta b-\gamma^2} > 0,$$

$$w_3{}^* - w_1{}^* = \frac{2\delta\gamma^2(a-bc)[1-(1-\gamma)(1-\eta)]}{(4\delta b-\gamma^2)[4\delta b(1-\lambda)(1-\eta)-\gamma^2]} > 0 \, ,$$

$$p_3{}^* - p_1{}^* = \frac{3\delta\gamma^2(a-bc)[1-(1-\lambda)(1-\eta)]}{(4\delta b-\gamma^2)[4\delta b(1-\lambda)(1-\eta)-\gamma^2]} > 0 \, ,$$

$$\pi_{s_3}{}^* - \pi_{s_1}{}^* = \frac{\delta\gamma^2(a-bc)^2[1-(1-\lambda)(1-\eta)]}{2(4\delta b-\gamma^2)[4\delta b(1-\lambda)(1-\eta)-\gamma^2]} > 0 \, ,$$

性质 4.2 表明，绿色供应链合作创新情况下，双方分担创新投入成本与不分担创新投入成本相比，产品的绿色度、供应价格、批发价格、供应商的利润均增加。由于供应商的创新投入成本有一部分由制造商分担，所以供应商为了使自己的利益最大化，会加大创新投入，从而使最终的产品绿色度增加，产品价值进一步提升，这样供应商会选择提高供应价格；而由于制造商分担供应商的创新成本，这样使制造商的产品成本增加，若价格不变会导致利润下降，为了弥补利润损失，随着产品价值的提升也会提高产品价格，供应链整体收益会得到相应提高。

性质 4.3　$g_3{}^*$、$w^3{}^*$、$p_3{}^*$、$\pi_{s_3}{}^*$ 都是关于 η 的增函数。

证明：当 $4\delta b(1-\lambda)(1-\eta)-\gamma^2 > 0$ 时，将 $g_3{}^*$、$w^3{}^*$、$p_3{}^*$、$\pi_{s_3}{}^*$ 对 η 求导得：

$$\partial g_3{}^* = \frac{4\delta b(1-\lambda)(a-bc)}{[4\delta b(1-\lambda)(1-\eta)-\gamma^2]^2} > 0 \, ,$$

$$\frac{\partial w_3{}^*}{\partial \eta} = \frac{2\delta(a-bc)(1-\lambda)\gamma^2}{[4\delta b(1-\lambda)(1-\eta)-\gamma^2]^2} > 0 \, ,$$

$$\frac{\partial p_3{}^*}{\partial \eta} = \frac{3\delta b(a-bc)(1-\lambda)\gamma^2}{[4\delta b(1-\lambda)(1-\eta)-\gamma^2]^2} > 0 \, ,$$

$$\frac{\partial \pi_{s_3}{}^*}{\partial \eta} = \frac{\delta(a-bc)^2(1-\lambda)\gamma^2}{2[4\delta b(1-\lambda)(1-\eta)-\gamma^2]^2} > 0 \, ,$$

性质 4.3 表明，供应商与制造商合作创新时，产品的绿色度、供应价格、产品价格、供应商的利润会随着政府补贴系数增加而增加。

性质 4.4　$g_3{}^*$、$w^3{}^*$、$p_3{}^*$、$\pi_{s_3}{}^*$ 是关于 λ 的增函数。

证明：当 $4\delta b(1-\lambda)(1-\eta)-\gamma^2 > 0$ 时，$g_3{}^*$、$w^3{}^*$、$p_3{}^*$、$\pi_{s_3}{}^*$ 对 λ 求导得：

$$\frac{\partial g_3{}^*}{\partial \lambda} = \frac{4\delta b(1-\eta)(a-bc)}{[4\delta b(1-\lambda)(1-\eta)-\gamma^2]^2} > 0 \, ,$$

$$\frac{\partial w_3^*}{\partial \lambda} = \frac{2\delta(a-bc)(1-\eta)\gamma^2}{2[4\delta b(1-\lambda)(1-\eta)-\gamma^2]^2} > 0,$$

$$\frac{\partial p_3^*}{\partial \lambda} = \frac{3\delta b(a-bc)(1-\eta)\gamma^2}{[4\delta b(1-\lambda)(1-\eta)-\gamma^2]^2} > 0,$$

$$\frac{\partial \pi_{s_3}^*}{\partial \lambda} = \frac{\delta(a-bc)(1-\eta)\gamma^2}{2[4\delta b(1-\lambda)(1-\eta)-\gamma^2]^2} > 0 。$$

性质 4.4 表明，供应商与制造商合作绿色创新，产品的绿色度、供应价格、产品价格、供应商的利润会随着制造商分担系数的增加而增加。

性质 4.5 　供应商与制造商合作绿色创新，λ 最优值与其它参数无关，最优分担比例为常数 $\frac{1}{3}$，能够实现基于成本分担合作创新决策模型的协调。

证明：当 $4\delta b(1-\lambda)(1-\eta)-\gamma^2 > 0$ 时，将 $\pi_{z_3}^*$ 对 λ 求导得：

$$\frac{\partial \pi_{z_3}^*}{\partial \lambda} = \frac{4\delta^2 b(a-bc)^2(1-\eta)^2\gamma^2(1-3\lambda)}{[4\delta b(1-\lambda)(1-\eta)-\gamma^2]^3},$$

令 $\dfrac{\partial \pi_{z_3}^*}{\partial \lambda}$，得 $\lambda = \dfrac{1}{3}$。

通过分析发现绿色供应链合作创新下，制造商承担的供应商创新投入成本的 $\frac{1}{3}$ 为最优，此时能够实现供应链的协调。这说明制造商从整体利益最大化的角度出发，愿意承担的供应商的创新成本不会无限增加或减少，而是存在一个最优值。如果制造商以自身利益最大化出发，会降低承担比例，供应商以自身利益出发会要求制造商提高承担比例，这两种情况都不利于绿色供应链整体利润的提高。

在合作绿色创新下，制造商采取成本分担的机制，不但要承担创新投入成本，而且也会将政府补贴按分担比例进行分配，这种激励机制会促进供应商进一步提高创新投入，从而提高最终产品绿色度，实现供应商和制造商共赢。

4.2　政府补贴系数与消费者福利分析

4.2.1　政府补贴系数分析

由于政府补贴目的是鼓励绿色创新，是为了提高社会福利，决定政府补贴系数应该从社会总福利出发，因此应该从绿色供应链创新投入策略的集中式决策角度进行分析。集中决策是各个参与主体从整体利益角度出发，追求绿供应链总利润的最大化，即选择总利润最大化的策略。此时，绿色供应链的集中式决策利润函数如下：

$$\pi_c(p-c)(a-bp+\gamma g) - \frac{1}{2}\delta g^2 + \frac{1}{2}\eta\delta g^2 \qquad (4-12)$$

定理 4.2 若 $2b(1-\eta) - \gamma^2 > 0$，绿色供应链的最优绿色度和产品价格分别为：$g_c{}^* = \dfrac{(a-bc)\gamma}{2\delta b(1-\eta) - \gamma^2}$，$p_c{}^* = \dfrac{\delta(a+bc)(1-\eta) - c\gamma^2}{2\delta b(1-\eta) - \gamma^2}$。

证明：将式（4-12）分别求 g、p 的二阶偏导，得到式（4-12）的 Hessian 矩阵 $H^{\pi c}$，见式（4-13）。

$$H^{\pi c} = \begin{bmatrix} \dfrac{\partial^2 \pi_c}{\partial g^2} & \dfrac{\partial^2 \pi_c}{\partial g \partial p} \\ \dfrac{\partial^2 \pi_c}{\partial p \partial g} & \dfrac{\partial^2 \pi_c}{\partial p^2} \end{bmatrix} = \begin{bmatrix} -(1-\eta) & \gamma \\ \gamma & -2b \end{bmatrix} \qquad (4-13)$$

因为 $2b(1-\eta) - \gamma^2 > 0$，Hessian 矩阵 $H^{\pi c}$ 顺序主子式为 $-(1-\eta)$ 和 $|H^{\pi c}| = 2b(1-\eta) - \gamma^2 > 0$，因此，$\pi_c$ 是关于 p 和 g 的联合凹函数，所以存在最优解 $g_c{}^*$ 和 $p_c{}^*$，能够使绿色供应链的利润最大化，要使达到绿色度 $g_c{}^*$，则需要创新投入为 $\frac{1}{2}\delta gc^2$。

将式（4-12）对 p，g 求一阶导数，联立求得：

$$g_c{}^* = \frac{(a-bc)\gamma}{2\delta b(1-\eta) - \gamma^2} \qquad (4-14)$$

$$g_c{}^* = \frac{\delta(a-bc)(1-\eta) - c\gamma^2}{2\delta b(1-\eta) - \gamma^2} \qquad (4-15)$$

将式（4-14）和式（4-15）代入到式（4-12）得：

$$\pi_c{}^* = \frac{\delta(a-bc)(1-\eta)}{2[\delta b(1-\eta) - \gamma^2]} \qquad (4-16)$$

定理得证。在定理 4.2 的条件下，可以得到性质 4.6。

性质 4.6 绿色供应链的绿色创新在集中式决策下，制造商与供应商绿色创新成本应该平均分担，即 λ 的值为 $\frac{1}{2}$。

证明：将 $g_c{}^*$、$p_c{}^*$ 代入到式 (4-1)、(4-2) 得：

$$\pi_{s_z}{}^* = \frac{(a - bc + \gamma g)}{2b}\left(a - b\frac{\delta(a + bc)(1 - \eta) - c\gamma^2}{2\delta b(1 - \eta) - \gamma^2} + \delta\frac{(a - bc)\gamma}{2\delta b(1 - \eta) - \gamma^2}\right)$$

$$(4-17)$$

$$-\frac{1}{2}(1 - \lambda)(1 - \eta)\delta\left[\frac{(a - bc)\gamma}{2\delta b(1 - \eta) - \gamma^2}\right]$$

$$\pi_{m_z}{}^* = \left[\frac{\delta(a + bc)(1 - \eta) - c\gamma^2}{2\delta b(1 - \eta) - \gamma^2} - \frac{(a - bc + \gamma b)}{2b}\right]$$

$$\left[a - b\frac{\delta(a + bc)(1 - \eta) - c\gamma^2}{2\delta b(1 - \eta) - \gamma^2} + \frac{\delta(a - bc)\gamma}{2\delta b(1 - \eta) - \gamma^2}\right] \qquad (4-18)$$

$$-\frac{1}{2}\lambda(1 - \eta)\delta\left[\frac{(a - bc)\gamma}{2\delta b(1 - \eta) - \gamma^2}\right]^2$$

分别对式 (4-17)、(4-18) 求 λ 的一阶导数，由于 $\dfrac{\partial\pi_{s_c}{}^*}{\partial\gamma} > 0$，$\dfrac{\partial\pi_{m_c}{}^*}{\partial\gamma} > 0$，说明无论对于绿色供应链的供应商还是制造商来说，都是希望对方承担更多绿色创新成本，所以并不存在一个令双方都满意的分担比例结果，双方为了公平起见，应该均摊创新投入费用。

社会总福利是从社会全体出发，目的是使社会全体的福利之和最大。社会总福利 (SW) 一般可以表示为消费者剩余 (CS) 与生产者剩余 (PS) 之和减去政府补贴 (S)，则可以表示为：

$$SW = \frac{(a - bp + \gamma g)^2}{2b} + (p - c)(a - bp + \gamma g) - \frac{1}{2}\eta\delta g^2 \qquad (4-19)$$

在定理 4.2 和式 (4-19) 的条件下，可以得到性质 4.7。

性质 4.7 绿色供应链在集中式决策下，政府补贴系数存在最优值，且补贴系数最优值大于 $\dfrac{1}{2}$。

证明：将 $g_c{}^*$、$p_c{}^*$ 代入式 (4-19)，得：

$$SW = \frac{b\delta^2(1 - \eta)^2(a - bc)^2}{2[2\delta b(1 - \eta) - \gamma^2]^2} + \frac{b\delta^2(1 - \eta)^2(a - bc)^2}{[2\delta b(1 - \eta) - \gamma^2]^2} - \frac{\eta\delta\gamma^2(a - bc)^2}{2[2\delta b(1 - \eta) - \gamma^2]^2}$$

$$(4-20)$$

将式 (4-20) 对 η 求一阶导数，令 $\dfrac{\partial SW}{\partial\eta} = 0$，得：

$$\eta^* = \frac{4\delta b + \gamma^2}{8\delta b} > \frac{1}{2}$$

η^* 为政府补贴的最优比例。对于政府而言，考虑的是社会全体福利，不是某个行业、企业的收益。通过上述分析可以知道，政府有理由为企业提供绿色创新补贴，因为绿色创新不但使社会福利增加，而且提高了消费者福利，补贴系数的最优值存在，可以为政府制定绿色供应链的补贴策略时提供理论支持。通过上述研究发现，无论政府对绿色供应链的绿色创新行为是否补贴，绿色供应链上的供应商都有实施绿色创新的必要，且制造商利润、供应商利润、供应链整体利润的提升主要取决于创新投入以及创新投入效果，即取决于产品的绿色度和创新投入成本。

4.2.2 消费者绿色福利分析

对于消费者来说，怎样衡量消费者绿色福利是否获得了提升，本文参考温兴琦的研究[136]，用绿色绩效价格比来进一步分析。对于消费者来说，希望买到的商品价格又低质量又好，即期望买到的绿色产品的绿色度又高价格又低，产品的绿色度越高、价格越低消费者福利越高。总之，消费者希望用很少的钱购买到绿色度很高的产品，因此应用价值工程的思想，采用绿色产品的绩效价格比来衡量消费者绿色福利。

绿色绩效价格比可以定义为产品绿色度与产品价格的比率，用 R_{gp} 表示，那么 $R_{gp} = \dfrac{g}{p}$，R_{gp} 越大表示产品的绿色性价比越高，消费者福利越高。根据绿色绩效价格比可以得到性质4.8。

性质4.8 若绿色供应链实施创新，则 R_{gp} 是关于 γ、η 的增函数、关于 δ 的减函数。

证明：当供应商实施创新时，

$$R_{gp}{}^1 = \frac{g_1{}^*}{p_1{}^*} = \frac{(a-bc)\gamma}{3\delta a + \delta bc - c\gamma^2} \tag{4-21}$$

当制造商实施创新时，

（1）若供应价格不变：

$$R_{gp}^{1\ 2} = \frac{g_2^{1\ *}}{p_2^{1\ *}} = \frac{b(a-bc)\gamma}{\delta b(3a+bc)(1-\eta) - c\gamma^2} \tag{4-22}$$

（2）若供应价格可变：

$$R_{gp}^{2\,2} = \frac{g_2^{2\,*}}{p_2^{2\,*}} = \frac{(a-bc)\gamma}{\delta(3a+bc)(1-\eta)-c\gamma^2} \tag{4-23}$$

成本分担的合作创新时，

$$R_{gp}^{\,3} = \frac{g_3^{\,*}}{p_3} = \frac{(a-bc)\gamma}{\delta(3a+bc)(1-\gamma)(1-\eta)-c\gamma^2} \tag{4-24}$$

集中决策时，

$$R_{gp}^{\,c} = \frac{gc^{*}}{pc} = \frac{(a-bc)\gamma}{\delta(a+bc)(1-\eta)-c\gamma^2} \tag{4-25}$$

将式（4-21）至式（4-25）对 γ、η、δ 求导，得：

$$\frac{\partial R_{gp}^1}{\partial \gamma} > 0，\frac{\partial R_{gp}^{1\,2}}{\partial \gamma} > 0，\frac{\partial R_{gp}^{2\,2}}{\partial \gamma} > 0，\frac{\partial R_{gp}^{\,3}}{\partial \gamma} > 0，\frac{\partial R_{gp}^{\,c}}{\partial \gamma} > 0；$$

$$\frac{\partial R_{gp}^1}{\partial \eta} > 0，\frac{\partial R_{gp}^{1\,2}}{\partial \eta} > 0，\frac{\partial R_{gp}^{2\,2}}{\partial \eta} > 0，\frac{\partial R_{gp}^{\,3}}{\partial \eta} > 0，\frac{\partial R_{gp}^{\,c}}{\partial \mu} > 0；$$

$$\frac{\partial R_{gp}^1}{\partial \delta} > 0，\frac{\partial R_{gp}^{1\,2}}{\partial \delta} > 0，\frac{\partial R_{gp}^{2\,2}}{\partial \delta} > 0，\frac{\partial R_{gp}^{\,3}}{\partial \delta} > 0，\frac{\partial R_{gp}^{\,c}}{\partial \delta} > 0；$$

性质 4.8 表明，供应链实施绿色创新，绿色绩效价格比会随着消费者绿色偏好系数增大而增大，随政府补贴系数的增加而增加，随创新投入成本系数的增加而减少。政府对制造商进行补贴后，消费者绿色福利得到提升，消费者绿色产品偏好的提高，也会提升消费者绿色福利，而绿色创新成本提高将不利于消费者绿色福利提升。消费者对绿色产品越青睐，愿意付出较高的价格购买绿色产品，获得的产品绿色绩效价格比越高。政府补贴后可以使消费者以更低的价格获得同样的绿色绩效福利，政府补贴有利于消费者选择绿色产品，可以进一步促进绿色产业的发展。企业要提高创新效果，需要降低绿色创新成本，提高创新效率，提升创新能力，才会提升消费者绿色福利，消费者对绿色产品的满意度越高，对绿色供应链可持续发展越有利。

4.3　数值仿真及管理启示

本节相关数值的初始值参照 3.4 节。下面具体分析一下不同的绿色创新策略下消费者绿色偏好系数、创新投入成本系数、政府补贴系数对绿色供应链不同创新投入决策下的消费者绿色福利和供应链整体利润的影响，以及成本分担下的合作绿色创新分担比例对供应链的均衡结果的影响。

（1）消费者绿色偏好系数对不同创新投入决策模型均衡结果的影响

首先分析消费者绿色偏好对消费者绿色绩效价格比的影响，通过图4-1可以看出消费者绿色绩效价格比大小顺序为：集中决策、合作创新、制造商创新、供应商创新，无论是那一种绿色创新策略，绩效价格比会随着消费者对绿色产品的偏好系数的增加而增加，且消费者偏好系数的增加对集中决策的绩效价格比影响更大。

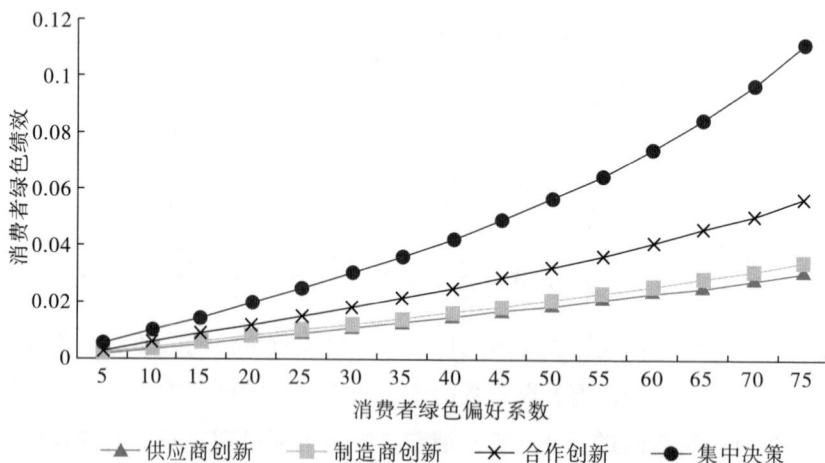

图4-1　消费者绿色偏好系数对不同创新策略下绿色绩效的影响

Fig. 4-1　Influence of consumer's green preference coefficient on green performance under different innovation strategies

同样可以分析出：无论是哪一种绿色创新策略，产品的绿色度、产品价格都会随着消费者对绿色产品的偏好系数的增加而增加；在相同的消费者偏好系数下，产品绿色度的从大到小排序为：集中决策、合作创新、制造商创新、供应商创新，并且消费者偏好系数对集中决策的产品绿色度影响更大。这说明集中决策更有利于产品绿色度提高。消费者偏好系数对集中决策的产品绿色度影响更大，在消费者偏好系数较小时，与其它三种策略相比的集中决策的产品价格最低，但会随着消费者偏好系数的增加而增加，产品价格的增幅最大，这可能的原因是随着消费者的对绿色产品偏好增加，能够接受更高的价格，集中决策是以整个供应链系统利益出发，会给出最合理的价格，这种定价策略要优于分散决策，当消费者对绿色产品的偏好不是很高时，集中决策以较低的价格换取更高的销售量以达到利润最大化，当消费者对绿色产品的偏好系数增加到一定程度时，集中决策的产品价格会超过分散决策的产品价格。在相同的消费者偏好系数下，市场需求的大小排序为：集中决策、合作创新、制造商创新、供应商创新，无论是哪一种绿色创新策略，市场需求都会随着消费者对绿色产品的偏好系数的增加而增加，且消费者偏好系数的增加对集中决策的市场需求影响更大，且集中决策的在消费者偏好系数较小时，与其它三种创新策略相比，集中决策的产品价格最低，但会随着消费者偏好系数的增加，产品价格的增幅最大。

从图4-2可以看出，供应链整体利润的大小为：集中决策、合作创新、制造商创新、供应商创新，无论是哪一种绿色创新策略，供应链整体利润都会随着消费者对绿色产品的偏好系数的增加而增加，且消费者偏好系数的增加对集中决策的供应链整体利润影响更大。

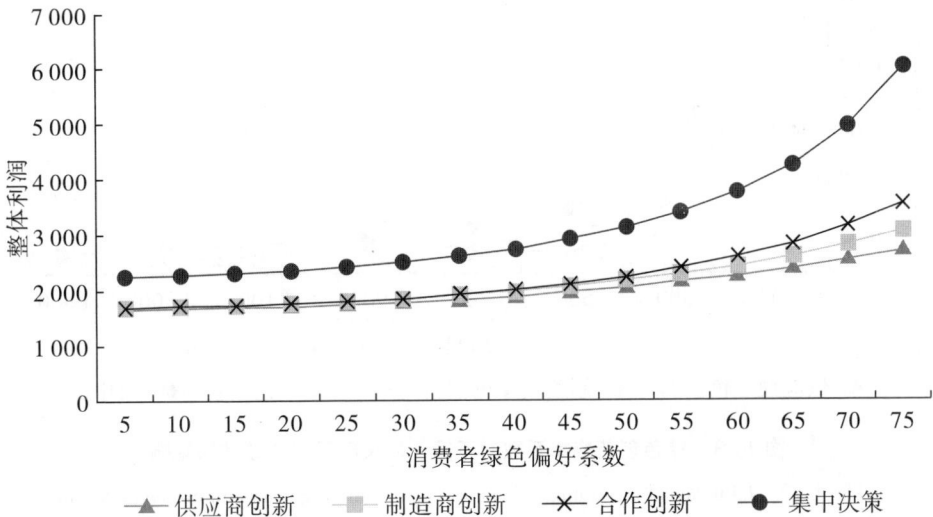

图4-2　消费者绿色偏好系数对不同创新策略整体利润的影响

Fig. 4-2　Influence of consumer's green preference coefficient on overall profit under different innovation strategies

同样方法可以得出：在相同的消费者偏好系数下，制造商利润的大小顺序为：供应商创新、合作创新、制造商创新；在供应商创新与合作创新的制造商利润会随着消费者对绿色产品的偏好系数的增加而增加，而制造商创新情况下制造商利润会随着消费者对绿色产品的偏好系数的增加而减少。供应商利润的大小为：制造商创新、合作创新、供应商创新，无论是哪一种绿色创新策略，供应商利润都会随着消费者对绿色产品的偏好系数的增加而增加。

（2）绿色创新成本系数对不同创新投入决策模型均衡结果的影响

绿色创新成本系数对绿色绩效价格比与整体利润的影响见图4-3与图4-4。从图4-3可以看出，绿色绩效价格比从大到小为：集中决策、合作绿色创新、制造商绿色创新、供应商绿色创新，无论是哪一种绿色创新策略，绩效价格比都会随着创新投入成本系数的增加而减少，随着创新投入成本系数的增加，四种绿色创新策略的绩效价格比越来越接近。

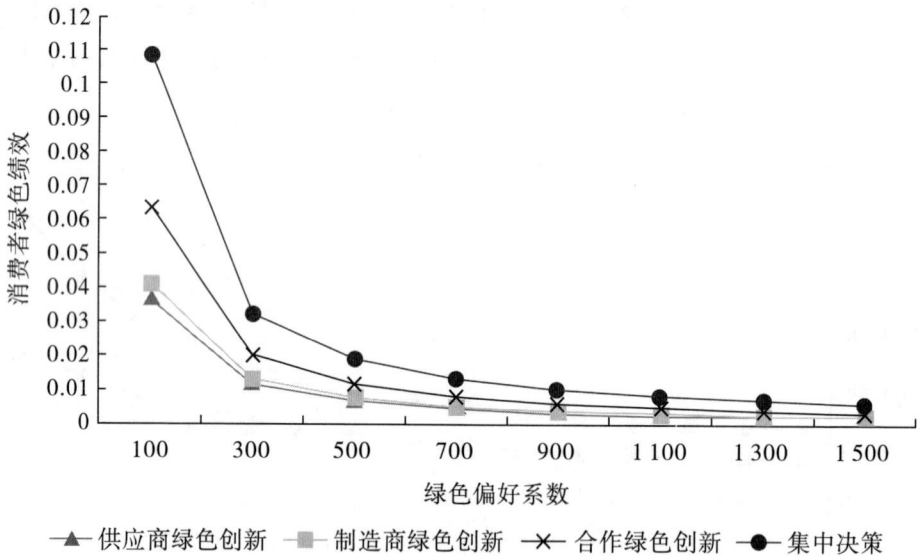

图4-3　绿色创新成本系数对不同创新策略下绿色绩效的影响

Fig. 4-3　Influence of green innovation cost coefficient on green performance under different innovation strategies

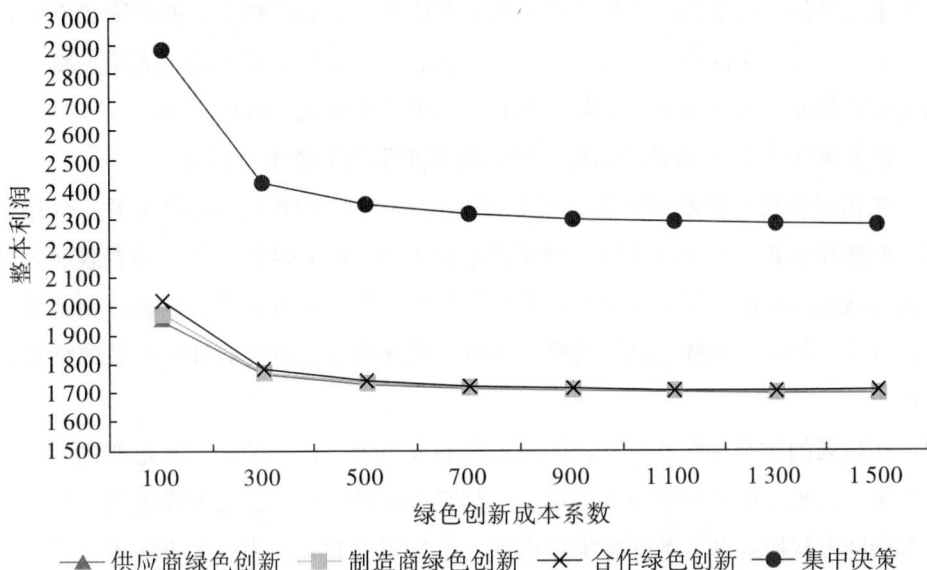

图 4 - 4 绿色创新成本系数对不同创新策略均衡结果的影响

Fig. 4 - 4 Influence of green innovation cost coefficient on equilibrium results under different innovation strategies

从图 4 - 4 可以看出，在相同的创新投入成本系数下，绿色供应链整体利润的从大到小为：集中决策、合作创新、制造商创新、供应商创新，且集中决策的绿色供应链整体利润远大于其它三种绿色创新策略，无论是哪一种绿色创新策略，随着创新投入成本系数的增加绿色供应链整体利润都会减少，合作绿色创新、制造商创新、供应商创新的整体利润越来越接近。

同样可以得出在相同的创新投入成本系数下，产品绿色度的从大到小为：集中决策、合作创新、制造商创新、供应商创新，无论是哪一种绿色创新策略，产品绿色度都会随着创新投入成本系数的增加而减少，随着创新投入成本系数的增加四种绿色创新策略的最优产品绿色度越来越接近，创新投入成本系数对集中决策的产品绿色度影响更大。

产品价格的大小顺序为：合作创新、制造商创新、供应商创新、集中决策，且集中决策的产品价格远小于其它三种绿色创新策略的产品价格，无论是哪一种绿色创新策略，产品价格都会随着创新投入成本系数的增加而减少，随着创新投入成本系数的增加，合作绿色创新、制造商绿色创新、供应商绿色创新的产品价格越来越接近。市场需求的从大到小为：集中决策、合作创新、制造商创新、供应商创新，且集中决策的市场需求远大于其它三种绿色创新策略，无论是哪一种绿色创新策略，市场需求都会随着创新投入成本系数的增加而减少。

（3）政府补贴系数对不同创新投入决策模型均衡结果的影响

在相同的政府补贴系数下，产品绿色度的大小顺序为：集中决策、合作创新、制造商创新，且无论是哪一种绿色创新策略，产品绿色度都会随着政府补贴系数的增加而增加。绩效价格比的大小顺序为：集中决策、合作创新、制造商创新，且无论是哪一种绿色创新策略，绩效价格比都会随着政府补贴系数的增加而增加。

在相同的政府补贴系数下，产品价格的大小为：合作创新、制造商创新、集中决策，且集中决策的价格要远远小于其它决策的价格，这三种绿色创新产品价格都会随着政府补贴系数的增加而增加。市场需求的大小为：集中决策、合作创新、制造商创新，且集中决策要远远大于其它绿色创新策略，这三种绿色创新策略市场需求都会随着政府补贴系数的增加而增加。

在相同的政府补贴系数下，供应链整体利润的大小为：集中决策、合作创新、制造商创新，且集中决策要远远大于其它绿色创新策略，这三种绿色创新策略的整体利润都会随着政府补贴系数的增加而增加。

（4）分担系数对合作绿色创新均衡结果的影响

依据前文假设，分担系数 λ 取 $0 \sim 0.7$，其它参数初始值不变，仿真结果见图 4-5 和图 4-6。从图 4-5、图 4-6 中可以看出基于成本分担的合作创新策略下绩效价格比都会随着分担系数的增加而增加，而制造商利润会随着分担系数的增加而减少，而供应商利润会随着分担系数的增加而增加，分担系数为 $\frac{1}{3}$ 时达到最大值，分担系数大于 $\frac{1}{3}$ 时，供应链总体利润随着分担系数的增加而减少。

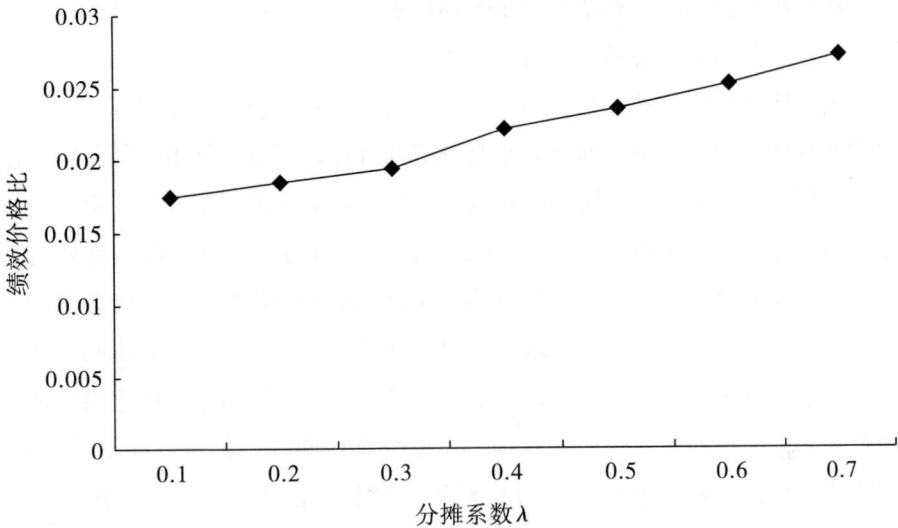

图 4 - 5　分担系数对绿色供应链合作创新下消费者绿色绩效的影响

Fig. 4 - 5　Influence of sharing coefficient on green degree of cooperative innovation in supply

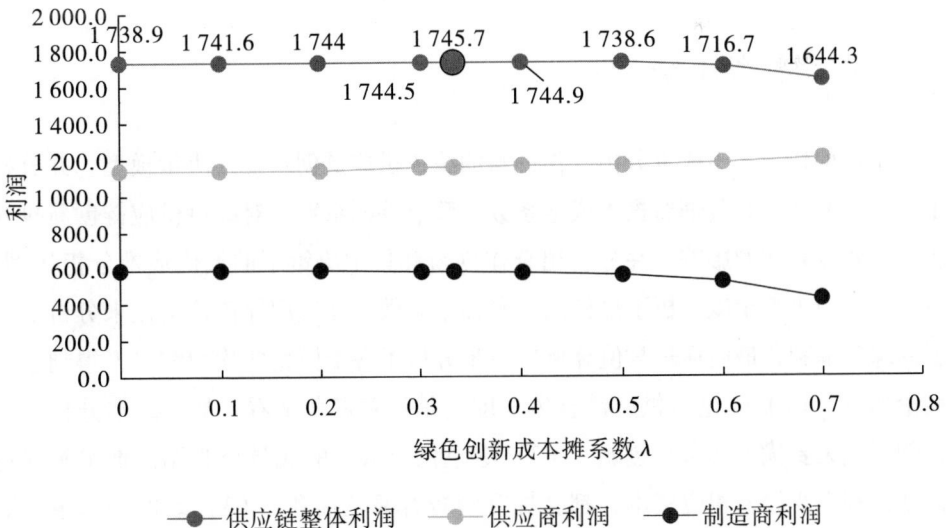

图 4 - 6　分担系数对绿色供应链合作创新利润的影响

Fig. 4 - 6　Influence of sharing coefficient on cooperative innovation profit of green supply chain

同样我们还可以得出：基于成本分担的合作创新策略下产品绿色度、产品价格、市场需求都会随着分担系数的增加而增加。

通过以上仿真结果得到如下管理启示：

绿色供应链中供应商绿色创新能够提升自身利润，同时使制造商"搭便车"获得超额利润，因此，供应商会寻求与制造商合作，制造商分担一部分绿色创新成本，这样更有利于供应商增加创新投入，更有利于绿色创新效果的提升，更有利于消费者绿色福利的提升。但企业是以营利为目的的，会追求自身利益最大化，因此双方的合作并不是一蹴而就的，而是在动态的博弈过程中向最优的合作方式推进。合作要充分利用双方现有资源，共同参与，在知识资源协同的基础上实现创新能力的互补，激发绿色供应链外部经济效应，最终达到绿色供应链整体利润最大化。不断的加强沟通与合作，不断完善协同绿色创新，逐步深度整合。这就需要绿色供应链企业增强"合作双赢"意识，营造一种共享、协作的价值观，打造绿色供应链合作创新特有的企业文化。要不断的完善收益分配机制，增强双方信誉，建立信息共享机制，提升互信程度。政府补贴对绿色供应链的发展有着明显的促进作用，因此，政府要建立适应绿色产业发展的奖惩机制，推动绿色供应链企业的合作创新。

4.4 本章小结

本章构建了基于成本分担合作创新的绿色供应链创新投入决策模型，并分析了消费者偏好系数、创新投入成本系数、政府补贴系数、对绿色供应链创新投入决策和各方利润的影响，并分析出合作创新和集中决策下的最优成本分担比例；然后从集中决策角度分析了最佳的政府补贴系数，并应用绿色价格比来分析消费者的绿色福利，最后通过数值算例进一步分析了各个模型的均衡结果。得到主要结论如下：（1）无论从供应链整体角度还是消费者角来看，基于成本分担的合作创新决策要优于非合作创新。（2）绿色供应链上的成员企业无论谁实施绿色创新，都需要投入相应资本，都会提升消费者绿色福利。（3）政府的绿色补贴系数并不是越大越好，政府补贴政策需从绿色供应链整体的角度出发，引导制造企业增强社会责任意识，分担供应商创新投入成本，从而实现社会福利的提升。

《 第 5 章 》
不同主导模式下绿色供应链创新
投入决策模型及协调策略

消费者对于绿色产品的需求不仅取决于产品的价格与产品绿色度，通常还受到企业销售努力行为的影响。绿色知识普及、产品体验以及广告宣传等销售行为是影响消费者购买绿色产品的重要因素。Wang 考虑销售努力对市场需求的影响，分析了贸易信用和数量折扣在供应链协调中的作用[137]。Liu 研究了考虑产品绿色度和成员销售努力的双渠道绿色供应链的定价与协调问题，分析了产品绿色度和渠道环境可持续性水平对供应链成员定价策略的影响[138]。Das 研究了产能约束和销售努力的绿色供应链的决策与协调问题，分析了制造商的产能扩张与零售商的销售努力之间的相互作用关系[139]。目前，考虑产品绿色度、政府补贴及销售努力的绿色供应链问题已形成一定的研究框架。然而，将这三个因素同时考虑的绿色供应链决策问题还鲜有研究。主导权力的转移是影响供应链成员利润分配的重要因素之一[140]。

本章将从考虑不同的权力主导模式为出发点，基于供应商与制造商两种主导模式，分析政府绿色补贴、供应商创新投入及制造商销售努力行为对供应链新产品定价、市场需求以及成员绩效的影响。然后，通过对比两种主导模式下的最优决策，分析领导力的转移对产品定价、创新投入、销售努力水平以及成员绩效产生怎样的影响。最后，以集中式决策水平为目标，针对两种不同的主导模式，分别设计了能够使整个供应链系统达到最佳水平的协调机制。

5.1　问题描述与基本假设

供应链中供应商负责绿色产品原材料的供应和绿色创新，制造商则负责产品生产以及销售。假设一个单位的绿色原材料能生产一个单位的绿色产品，与此同时，为了提高消费者的环保意识及对绿色产品的认知度，制造商还会通过商品展示、绿色知识普及以及广告宣传等方式促进消费者购买该产品。最终，市场需求将受到产品价格、绿色度水平及销售努力水平等多种因素的共同影响，参考文献[141]等的研究，假设考虑销售努力的绿色产品的需求函数为：

$$D = a - bp + \gamma g + \theta e \tag{5-1}$$

其中：e 为制造商的销售努力水平，$e > 0$，θ 为消费者对销售努力水平的敏感程度，$\theta > 0$。$c(e) = \frac{1}{2}\tau e^2$ 为供应商的销售努力成本，τ 为销售努力成本系数，$\tau > 0$。其它符号与第3章表示一致，后面将要用到的相关符号和变量表示如下：π_Y^X 为在第 X 种主导模式下，成员企业 Y 获取的利润，$X = \{S, M, C\}$ 分别表示供应商主导、制造商主导及集中式决策，$Y = \{s, m, z\}$ 分别表示供应商、制造商及供应链整体的利润。

5.2　不同主导模式下绿色供应链创新投入决策模型

5.2.1　基本模型

主导权力的转移对供应链成员企业的利润分配以及整个系统绩效均会有所影响，为此，本节将分别探讨供应商主导与制造商主导两种模式下的最优决策；并将从产品价格、产品绿色度、销售努力水平以及各成员企业的利润等方面进行比较分析。为了便于分析，本章假设政府补贴对象是制造商，补贴方式是按产品绿色度的固定补贴，即只要产品绿色度大于政府规定的产品绿色度就提供固定补贴，这也是现在很多产业实施政府补贴的方式。

在式（3-5）、（3-6）的基础上构建绿色供应链中供应商与制造商的利润函数模型分别为：

$$\pi_s(w,g) = (w - c)(a - bp + \gamma g + \theta e) - \frac{1}{2}\delta g^2 \qquad (5-2)$$

$$\pi_m(p,e) = (p - w + s)(a - bp + \gamma g + \theta e) - \frac{1}{2}\tau e^2 \qquad (5-3)$$

其中：s 为 1 个单位产品的政府补贴额度，$s > 0$。

在集中式决策模型（简称 C 模型）中，供应商和制造商都以实现系统总利润最大化为目标，他们作为一个理想化整体共同决定绿色产品价格、绿色度及销售努力水平，与此同时，政府部门对供应商的创新投入给予一定补贴。因此，在考虑政府补贴、供应商创新投入及制造商销售努力背景下，供应链整体的利润函数可表示为：

$$\pi_z^c(p,g,e) = (p - c + s)(a - bp + \gamma g + \theta e) - \frac{1}{2}\delta g^2 - \frac{1}{2}\tau e^2 \qquad (5-4)$$

定理 5.1　在考虑政府补贴、供应商创新投入以及制造商销售努力水平的供应链中，当采用集中决策时，供应链的最优产品销售价格为 $p^{c*} = \dfrac{a\tau\delta + (c - s)(\tau\delta b - \tau\gamma^2 - \delta\theta^2)}{2\tau\delta b - \tau\gamma^2 - 2\delta\theta^2}$，最佳绿色度为 $g^{c*} = \dfrac{\tau\gamma(a - bc + bs)}{2\tau\delta b - \tau\gamma^2 - \delta\theta^2}$，最佳销售努力水平为 $e^{c*} = \dfrac{\delta\theta(a - bc + bs)}{2\tau\delta b - \tau\gamma^2 + \delta\theta^2}$。

证明：为了保证 C 模型中均衡结果均为正值，则需参数满足：$\tau\delta > \tau\gamma^2 + \delta\theta^2$，且 $a - bp^c > 0$，易证供应链系统的总利润函数 $\pi_z^c(p,g,e)$ 是关于 p、g、e 的联合凹函数，根据三个决策变量的一阶条件并联立方程组，即可求得 C 模型中的最优决策：

$$p^{c*} = \frac{a\tau\delta + (c - s)(\tau\delta b - \tau\gamma^2 - \delta\theta^2)}{2\tau\delta b - \tau\gamma^2 - 2\delta\theta^2},$$

$$g^{c*} = \frac{\tau\gamma(a - bc + bs)}{2\tau\delta b - \tau\gamma^2 - \delta\theta^2}, g^{c*} = \frac{\delta\theta(a - bc + bs)}{2\tau\delta b - \tau\gamma^2 + \delta\theta^2},$$

定理得证。

将上述最优决策代入到式（5-4）中，可得最大市场需求量为 $q^{c*} = \dfrac{\tau\delta b(a - bc + bs)}{2\tau\delta b - \tau\gamma^2 + \delta\theta^2}$，供应链系统的总利润为 $\pi_z^{c*} = \dfrac{\tau\delta(a - bc + bs)^2}{2(2\tau\delta b - \tau\gamma^2 + \delta\theta^2)}$。

5.2.2　供应商主导的 Stackelberg 决策模型

在供应商主导的 Stackelberg 博弈模型（简称 S 模型）中，作为渠道主导者的供应商首先宣布供应价格 w^s 及绿色度 g^s；制造商再根据供应商的决策确定绿色产品价格 p^s 及销售努力水平 e^s。根据上述供应商主导两阶段供应链的博弈顺序，将采用逆向归纳法进行求解。为了保证 S 模型中均衡结果均为正值，则需参数满足：$\tau\delta b > \tau\gamma^2 + \delta\theta^2$。

定理 5.2　所以在供应商主导的 Stackelberg 决策模型中，当 $2\tau b - \theta^2 > 0$ 时，绿色供应链的最优决策为：

$$w^{s*} = \frac{\delta(2\tau b - \theta^2)(a + bc + bs) - bc\tau\gamma^2}{b(4\tau\delta b - \tau\gamma^2 - 2\delta\theta^2)}, g^{s*} = \frac{\tau\gamma(a - bc + bs)}{4\tau\delta b - \tau\gamma^2 - 2\delta\theta^2},$$

$$e^{s*} = \frac{\tau\gamma(a - bc + bs)}{4\tau\delta b - \tau\gamma^2 - 2\delta\theta^2}, p^{s*} = \frac{a\delta(3\tau b - \theta^2) + b(c - s)(\tau\delta b - \tau\gamma^2 - \delta\theta^2)}{b(4\tau\delta b - \tau\gamma^2 - 2\delta\theta^2)}。$$

证明：在上述相关参数的假设条件下，对（5-3）分别求 p、e 的二阶偏导，得到 Hessian 矩阵 H_3，见式（5-5）。

$$H_3 = \begin{bmatrix} \dfrac{\partial^2\pi_m(p,e)}{\partial g^2} & \dfrac{\partial^2\pi_m(p,e)}{\partial p\partial e} \\ \dfrac{\partial^2\pi_m(p,e)}{\partial e\partial p} & \dfrac{\partial^2\pi_m(p,e)}{\partial e^2} \end{bmatrix} = \begin{bmatrix} 2 - b & \theta \\ \theta & -\tau \end{bmatrix} \quad (5-5)$$

所以当 $2\tau b - \theta^2 > 0$，制造商的利润 π_m^s（p，e）是关于变量 p 与 e 的联合凹函数，根据其一阶条件，联立可求得制造商的产品价格和销售努力投入水平最佳反馈函数为式（5-6）与式（5-7）。

$$P^s = \frac{(w - s)(\tau b - \theta^2) + \tau(a + \gamma g)}{2\gamma b - \theta^2} \quad (5-6)$$

$$e^s = \frac{\theta(a - b)(w - s) + \gamma g)}{2\tau b - \theta^2} \quad (5-7)$$

将式（5-6）、（5-7）分别代入式（5-3），不难发现 $\pi_s^s(w,g)$ 是关于变量 w 与 g 的联合凹函数，根据一阶条件，可求得：

$$w = \frac{(a + \gamma g + bc + bs)}{2b} \quad (5-8)$$

$$g = \frac{b\tau\gamma(w - c)}{(2\tau b - \theta^2)\delta} \quad (5-9)$$

式（5-8）与式（5-9）联立即可求得供应商的供应价格的最优值 w^{s*} 及其绿色度的最优值 g^{s*}：

$$w^{s*} = \frac{\delta(2\tau b - \theta^2)(a + bc + bs) - bc\tau\gamma^2}{b(4\tau\delta b - \tau\gamma^2 - 2\delta\theta^2)} \qquad (5-10)$$

$$g^{s*} = \frac{\tau\gamma(a - bc + bs)}{4\tau\delta b - \tau\gamma^2 - 2\delta\theta^2} \qquad (5-11)$$

将式（5-10）与式（5-11）反代回式（5-6）与式（5-7）中，便可求得制造商的最优产品价 p^{s*} 及最佳销售努力投入水平 e^{s*}：

$$p^{s*} = \frac{a\delta(3\tau b - \theta^2) + b(c - s)(\tau\delta b - \tau\gamma^2 - \delta\theta^2)}{b(4\tau\delta b - \tau\gamma^2 - 2\delta\theta^2)}, e^{s*} = \frac{\delta\theta(a - bc + bs)}{4b\tau\delta - \tau\gamma^2 - 2\delta\theta^2},$$

定理得证。

将 p^{s*}、g^{s*} 及 e^{s*} 代入（5-1）式中，即可求得绿色产品的最大市场需求量 q^{s*}：

$$q^{s*} = \frac{\tau\delta b(a - bc + bs)}{4\tau\delta b - \tau\gamma^2 - 2\delta\theta^2} \qquad (5-12)$$

最后，将上述决策变量代入式（5-2）与式（5-3）中，可得到供应商获取的最大利润 π_s^{s*}、制造商的最大利润 π_m^{s*} 以及供应链系统整体的总利润 π_z^{s*}。

$$\pi_s^{s*} = \frac{\tau\delta(a - bc + bs)^2}{2(4\tau\delta b - \tau\gamma^2 - 2\delta\theta^2)}, \pi_m^{s*} = \frac{\tau\delta^2(2\tau b - \theta^2)(a - bc + bs)^2}{2(4\tau\delta b - \tau\gamma^2 - 2\delta\theta^2)^2},$$

$$\pi_z^{s*} = \frac{\tau\delta(6\tau\delta b - \tau\gamma^2 - 3\delta\theta^2)(a - bc + bs)^2}{2(4\tau\delta b - \tau\gamma^2 - 2\delta\theta^2)^2}。$$

经过简单的数学整理，S 模型中的均衡结果见表 5-1 第二列所示。

制造商主导的 Stackelberg 决策模型

在制造商主导的 Stackelberg 博弈模型（简称 M 模型）中，作为渠道主导者的制造商首先宣布产品价格 P^M 与销售努力水平 e^M，供应商再根据制造商的决策确定绿色产品的批发价 w^M 与绿色度 g^M。根据上述制造商主导两阶段供应链的博弈顺序，依然采用逆向归纳法进行求解。为了保证 M 模型中均衡结果均为正值，则需参数满足：$\tau\delta b > \tau\gamma^2 + \delta\theta^2$，且 $a - bp^M > 0$。

定理 5.3　在制造商主导的 Stackelberg 决策模型中，当 $2\delta\theta - \gamma^2 > 0$ 时，绿色供应链的最优决策为：

$$w^{M*} = \frac{\tau\delta(a + 3bc + bs) - c(2\tau\gamma^2 + \delta\theta^2)}{4\tau\delta b - 2\tau\gamma^2 - \delta\theta^2},$$

$$g^{M*} = \frac{\tau\gamma(a - bc + bs)}{4\tau\delta b - 2\tau\gamma^2 - \delta\theta^2}, e^{M*} = \frac{\delta\theta(a - bc + bs)}{4\tau\delta b - 2\tau\gamma^2 - \delta\theta^2},$$

$$p^{M*} = \frac{a\tau(3\delta\theta - \gamma^2) + b(c - s)(\tau\delta b - \tau\gamma^2 - \delta\theta^2)}{b(4\tau\delta b - 2\tau\gamma^2 - \delta\theta^2)},$$

证明：首先，令 $p^M = w^M + m^M$，m^M 为制造商每销售一件绿色产品时获取的单位利润，将 $p^M = w^M + m^M$ 代入式（5-2）与式（5-3）中，在上述相关参数的假设条件下，容易证明当 $2\delta b - \gamma^2 > 0$ 时，供应商的利润 π_s^M（w，g）为关于变量 w 与 g 的联合凹函数，计算得：

$$\frac{\partial \pi_s(w,g)}{\partial w} = a + \gamma g + \theta e + bc - 2bw - bm \qquad (5-13)$$

$$\frac{\partial \pi_s(w,g)}{\partial g} = (w - c)\gamma - \delta g \qquad (5-14)$$

令 $\dfrac{\partial \pi_s(w,g)}{\partial w} = 0$，$\dfrac{\partial \pi_s(w, g)}{\partial g} = 0$，可求得供应商的最佳反馈函数为：

$$w^M = \frac{\delta(a - bm + \theta e) + c(\delta b - \gamma^2)}{2\delta b - \gamma^2} \qquad (5-15)$$

$$g^M = \frac{\gamma(a - bm - bc + \theta e)}{2\delta b - \gamma^2} \qquad (5-16)$$

将式（5-15）、（5-16）分别代入式（5-3），不难发现 π_m^M（m，e）是关于变量 m 与 e 的联合凹函数，根据一阶条件，可求得：

$$m = \frac{a + \theta e - bc - bs}{2b} \qquad (5-17)$$

$$e = \frac{\delta b\theta(m + s)}{(2\delta b - \gamma^2)\tau} \qquad (5-18)$$

将式（5-17）与式（5-18）联立可以求得制造商的最优单位利润 m^{M*} 及最佳销售努力水平 e^{M*}：

$$m^{M*} = \frac{\tau(2\delta b - \gamma^2)(a - bc - bs) + \delta bs\theta^2}{b(4\tau\delta b - 2\tau\gamma^2 - \delta\theta^2)} \qquad (5-19)$$

$$e^{M*} = \frac{\delta\theta(a - bc + bs)}{4\tau\delta b - 2\tau\gamma^2 - \delta\theta^2} \qquad (5-20)$$

将 m^{M*} 与 e^{M*} 反代回式（5-15）与式（5-16）中，便可求得供应商的最优批发价 w^{M*} 及最佳绿色度 g^{M*}：

$$w^{M*} = \frac{\tau\delta(a + 3bc + bs) - c(2\tau\gamma^2 - \delta\theta^2)}{4\tau\delta b - 2\tau\gamma^2 - \delta\theta^2} \qquad (5-21)$$

$$g^{M*} = \frac{\tau\gamma(a - bc + bs)}{4\tau\delta b - 2\tau\gamma^2 - \delta\theta^2} \qquad (5-22)$$

根据 $p^M = w^M + m^M$，得到最优产品价格 p^{M*}：

$$p^{M*} = \frac{a\tau(3\delta b - \gamma^2) + b(c - s)(\tau\delta b - \tau\gamma^2 - \delta\theta^2)}{b(4\tau\delta b - 2\tau\gamma^2 - \delta\theta^2)},$$

定理得证。

将 p^{M*}、g^{M*} 及 e^{M*} 代入式（5-1）中，即可求得 M 模型中绿色产品的最大市场需求量 q^{M*}；

$$q^{M*} = \frac{\tau\delta b(a - bc + bs)}{4\tau\delta b - 2\tau\gamma^2 - \delta\theta^2} \qquad (5-23)$$

最后，将 p^{M*}、g^{M*}、e^{M*}、w^{M*}、q^{M*} 代入式（5-2）与式（5-3）中，可得到供应商获取的最大利润 π_m^{M*}、制造商的最大利润 π_m^{M*} 以及供应链系统整体的总利润 π_z^{M*}。

经过简单的数学整理，M 模型中的相关均衡结果见表 5-1 第三列所示。

结论 5.1　通过将绿色供应链两种主导模式下的分散式决策同集中式决策进行对比，不难发现：$p^{c*} < p^{x*}$，$g^{c*} > g^{x*}$，$e^{c*} > e^{x*}$，$q^{c*} > q^{x*}$；$\pi_s^{c*} > \pi_s^{x*}$。其中，$X = \{S, M\}$。

证明：以模型 S 中的均衡结果为例，通过对供应商主导模式下的均衡结果与集中式决策下的均衡结果做差，易得：

$$p^{c*} - p^{s*} = -\frac{(2\tau b - \theta^2)(\tau\delta b - \tau\gamma^2 - \delta\theta^2)(a - bc + bs)}{b(2\tau\delta b - \tau\gamma^2 - 2\delta\theta^2)(4\tau\delta b - \tau\gamma^2 - 2\delta\theta^2)} < 0,$$

$$g^{c*} - g^{s*} = -\frac{\tau\delta\gamma(2\tau b - \theta^2)(a - bc + bs)}{(2\tau\delta b - \tau\gamma^2 - 2\delta\theta^2)(4\tau\delta b - \tau\gamma^2 - 2\delta\theta^2)} > 0,$$

$$e^{c*} - e^{s*} = \frac{\theta\delta(2\tau b - \theta^2)(a - bc + bs)}{(2\tau\delta b - \tau\gamma^2 - 2\delta\theta^2)(4\tau\delta b - \tau\gamma^2 - 2\delta\theta^2)} > 0,$$

$$q^{c*} q^{s*} = \frac{\tau b\delta^2(2\tau b - \theta^2)(a - bc + bs)}{(2\tau\delta b - \tau\gamma^2 - 2\delta\theta^2)(4\tau\delta b - \tau\gamma^2 - 2\delta\theta^2)} > 0,\ 证毕。$$

表 5 – 1　不同主导模式下决策模型的均衡结果

Table 5 – 1　Equilibrium results of decision models under different dominant modes

	S 模型 （X = S）	M 模型 （X = M）
w^{X*}	$\dfrac{\delta(2\tau b - \theta^2)(a + bc + bs) - bc\tau\gamma^2}{b(4\tau\delta b - \tau\gamma^2 - 2\delta\theta^2)}$	$\dfrac{\tau\delta(a + 3bc + bs) - c(2\tau\gamma^2 + \delta\theta^2)}{(4\tau\delta b - 2\tau\gamma^2 - \delta\theta^2)}$
P^{X*}	$\dfrac{a\delta(3\tau b - \theta^2) + b(c - s)(\tau\delta b - \tau\gamma^2 - \delta\theta^2)}{b(4\tau\delta b - \tau\gamma^2 - 2\delta\theta^2)}$	$\dfrac{a\tau(3\delta b - \gamma^2) + b(c - s)(\tau\delta b - \tau\gamma^2 - \delta\theta^2)}{b(4\tau\delta b - 2\tau\gamma^2 - \delta\theta^2)}$
g^{X*}	$\dfrac{\tau\gamma(a - bc + bs)}{4\tau\delta b - \tau\gamma^2 - 2\delta\theta^2}$	$\dfrac{\tau\gamma(a - bc + bs)}{4\tau\delta b - 2\tau\gamma - \delta\theta^2}$
e^{X*}	$\dfrac{\delta\theta(a - bc + bs)}{4b\tau\delta - \tau\gamma^2 - 2\delta\theta^2}$	$\dfrac{\delta\theta(a - bc + bs)}{4\tau\delta b - 2\tau\gamma^2 - \delta\theta^2}$
q^{X*}	$\dfrac{\tau\delta b(a - bc + bs)}{4\tau\delta b - \tau\gamma^2 - 2\delta\theta^2}$	$\dfrac{\tau\delta b(a - bc + bs)}{4\tau\delta b - 2\tau\gamma^2 - \delta\theta^2}$
π_s^{X*}	$\dfrac{\tau\delta(a - bc + bs)^2}{2(4\tau\delta b - \tau\gamma^2 - 2\delta\theta^2)}$	$\dfrac{\tau^2\delta(2\delta b - \gamma^2)(a - bc + bs)^2}{2(4\tau\delta b - 2\tau\gamma^2 - \delta\theta^2)^2}$
π_m^{X*}	$\dfrac{\tau\delta^2(2\tau b - \theta^2)(a - bc + bs)^2}{2(4\tau\delta b - \tau\gamma^2 - 2\delta\theta^2)^2}$	$\dfrac{\tau\delta(a - bc + bs)^2}{2(4\tau\delta b - 2\tau\gamma^2 - \delta\theta^2)}$
π_z^{X*}	$\dfrac{\tau\delta(6\tau\delta b - \tau\gamma^2 - 3\delta\theta^2)(a - bc + bs)^2}{2(4\tau\delta b - \tau\gamma^2 - 2\delta\theta^2)^2}$	$\dfrac{\tau\delta(6\tau\delta b - 3\tau\gamma^2 - \delta\theta^2)(a - bc + bs)^2}{2(4\tau\delta b - 2\tau\gamma^2 - \delta\theta^2)^2}$

　　结论 5.1 表明，无论在供应商还是制造商主导模式下，相比于分散式决策，集中式决策下的产品销售价格更低，供应链的绿色度、销售努力水平以及绿色产品的市场需求均更高，同时集中式决策下绿色供应链系统的总利润也总是要高于分散式决策下的总利润。这是因为，分散式决策会导致供应链系统产生"双重边际"效应，造成整个供应链系统的总利润受损，而集中式决策中的成员企业作为一个整体共同追求整体利益最大化，从而形成了各方共赢的局面。接下来，我们将通过改进后的"收益共享—成本分担"协调机制来实现两种主导模式下供应链系统的协调。

5.3　均衡结果分析

5.3.1　政府补贴对创新投入的影响分析

性质 5.1　$\dfrac{\partial w^{X*}}{\partial s} > 0$，$\dfrac{\partial p^{X*}}{\partial s} < 0$，$\dfrac{\partial g^{X*}}{\partial s} > 0$，$\dfrac{\partial e^{X*}}{\partial s} > 0$，$\dfrac{\partial q^{X*}}{\partial s} > 0$，其中 $X =$ $\{S, M\}$。

证明：以 S 模型为例，根据表 5-1 中的相关均衡结果，易得：

$$\frac{\partial w^{s*}}{\partial s} = \frac{\delta(2\tau b - \theta^2)}{4\tau\delta b - \tau\gamma^2 - 2\delta\theta^2} > 0，\quad \frac{\partial p^{s*}}{\partial s} = \frac{\tau\delta b - \tau\gamma^2 - \delta\theta^2}{4\tau\delta b - \tau\gamma^2 - 2\delta\theta^2} < 0，$$

$$\frac{\partial g^{s*}}{\partial s} = \frac{\tau b\gamma}{4\tau\delta b - \tau\gamma^2 - 2\delta\theta^2} > 0，\quad \frac{\partial e^{s*}}{\partial s} = \frac{\tau\delta b(6\tau\delta b - \tau\gamma^2 - 3\delta\theta^2)}{(4\tau\delta b - \tau\gamma^2 - 2\delta\theta^2)^2} > 0，$$

$$\frac{\partial q^{s*}}{\partial s} = \frac{\tau\delta b^2}{4\tau\delta b - \tau\gamma^2 - 2\delta\theta^2} > 0。$$

由于 $X = M$ 时的证明过程与 $X = S$ 时相类似，此处不做赘述，证毕。

性质 5.1 中的研究结果表明，在供应商实施创新投入、制造商做出销售努力的绿色供应链中，无论供应商还是制造商主导模式，随着政府对创新投入补贴的增加，原材料的供应价格会有所提高，而产品价格会有所降低。同时供应商的绿色度与制造商的销售努力水平均会提高，最终使得产品的市场需求量增大。这是因为，随着供应商提高自身的创新投入水平，绿色创新成本会增加，而供应商为了自身利益会提高供应价格以弥补创新投入费用。由于政府补贴对象是处于下游企业的制造商，所以制造商会主动降低新产品价格并提高自身的销售努力水平，以实现刺激消费，提高绿色产品市场需求的目的。

性质 5.2　（1）$\dfrac{\partial \pi_s^{X*}}{\partial s} > 0$，$\dfrac{\partial \pi_m^{X*}}{\partial s} > 0$，$\dfrac{\partial \pi_z^{X*}}{\partial s} > 0$，其中 $X = \{S, M\}$；（2）$\dfrac{\partial \pi_s^{S*}}{\partial s}$ $> \dfrac{\partial \pi_m^{S*}}{\partial s}$，$\dfrac{\partial \pi_s^{M*}}{\partial s} < \dfrac{\partial \pi_m^{M*}}{\partial s}$。

证明：（1）以 S 模型为例，根据表 5-1 中各成员企业及系统整体的利润，易得：

$$\frac{\partial \pi_s^{S*}}{\partial s} = \frac{\tau\delta b(a - bc + bs)}{4\tau\delta b - \tau\gamma^2 - 2\delta\theta^2} > 0，\quad \frac{\partial \pi_m^{S*}}{\partial s} = \frac{\tau\delta^2 b(2\tau\delta - \theta^2)(a - bc + bs)}{(4\tau\delta b - \tau\gamma^2 - 2\delta\theta^2)^2} > 0，$$

$$\frac{\partial \pi_z^{S*}}{\partial} = \frac{\tau\delta b \ (6\tau\delta b - \tau\gamma^2 - 3\delta\theta^2) \ (a - bc + bs)}{(4\tau\delta b - \tau\gamma^2 - 2\delta\theta^2)^2} > 0 。$$

由于 $X = M$ 时的证明过程与 $X = S$ 时相类似，此处不做赘述。

（2）分别对 S 模型与 M 模型中供应商与制造商随着参数 s 的变化率做差，易得：

$$\frac{\partial \pi_s^{S*}}{\partial s} - \frac{\partial \pi_m^{S*}}{\partial s} = \frac{\tau\delta b(2\tau\delta b - \tau\gamma^2 - \delta\theta^2)(a - bc + bs)}{(4\tau\delta b - \tau\gamma^2 - 2\delta\theta^2)^2} > 0 ,$$

$$\frac{\partial \pi_s^{M*}}{\partial s} - \frac{\partial \pi_m^{M*}}{\partial s} = \frac{\tau\delta b(2\tau\delta b - \tau\gamma^2 - \delta\theta^2)(a - bc + bs)}{(4\tau\delta b - 2\tau\gamma^2 - \delta\theta^2)^2} < 0 。$$

性质 5.2 中（1）的研究结果表明，在供应商创新投入、制造商销售努力的供应链中，无论是由供应商还是制造商主导，随着政府对绿色创新补贴的增加，供应链中所有成员企业及系统整体的利润均在增加。这是因为随着政府绿色补贴强度的增加，不仅降低了供应链中新产品的生产成本，同时还提高了供应商与制造商的创新投入水平及销售努力水平（性质 5.1 中已证明）。在这三重因素的共同作用下，有效刺激了消费者的购买欲望，扩大了新产品的市场需求，因此供应链中的每个成员企业及系统整体都能受益。

另外，性质 5.2 中（2）的研究结果进一步指出，在供应商主导模式下，同制造商比较，随着政府对制造商绿色补贴强度的增加，供应商利润增长幅度更大，该结论是显而易见的。但我们发现有趣的是，在制造商主导模式下，随着政府对制造商绿色补贴强度的增加，相比于供应商，制造商的受益程度反而更大，换句话说，在绿色供应链中谁主导谁将获得更多收益。

综合性质 5.1 与性质 5.2 来看，无论从降低产品价格、提高成员的创新投入水平及销售努力水平，还是从扩大产品市场需求、增加供应链成员企业利润的角度，政府实施绿色创新补贴政策对消费者福利、绿色绩效以及供应链企业及供应链系统整体经济绩效都是有利的。

5.3.2　消费者绿色偏好对创新投入的影响分析

性质 5.3　$\dfrac{\partial w^{X*}}{\partial \gamma} > 0$，$\dfrac{\partial p^{X*}}{\partial \gamma} > 0$，$\dfrac{\partial g^{X*}}{\partial \gamma} > 0$，$\dfrac{\partial e^{X*}}{\partial \gamma} > 0$，$\dfrac{\partial q^{X*}}{\partial \gamma} > 0$，其中 $X = \{S, M\}$。

证明：以 S 模型为例，根据表 5 - 1 中的相关均衡结果，当 $2\tau b - \theta^2$ 时，易得：

$$\frac{\partial w^{S*}}{\partial \gamma} = \frac{2\tau\delta\gamma(2\tau b - \theta^2)(a - bc + bs)}{b(4\tau\delta b - \tau\gamma^2 - 2\delta\theta^2)^2} > 0,$$

$$\frac{\partial p^{S*}}{\partial \gamma} = \frac{2\tau\delta\gamma(3\tau b - \theta^2)(a - bc + bs)}{b(4\tau\delta b - \tau\gamma^2 - 2\delta\theta^2)^2} > 0,$$

$$\frac{\partial g^{S*}}{\partial \gamma} = \frac{\tau(4\tau\delta b - \tau\gamma^2 - 2\delta\theta^2)(a - bc + bs)}{(4\tau\delta b - \tau\gamma^2 - 2\delta\theta^2)^2} > 0,$$

$$\frac{\partial e^{S*}}{\partial \gamma} = \frac{2\tau\delta\gamma\theta(a - bc + bs)}{(4\tau\delta b - \tau\gamma^2 - 2\delta\theta^2)^2} > 0,$$

$$\frac{\partial p^{S*}}{\partial \gamma} = \frac{2\tau^2\delta\gamma(a - bc + bs)}{(4\tau\delta b - \tau\gamma^2 - 2\delta\theta^2)^2} > 0。$$

由于 $X = M$ 时的证明过程与 $X = S$ 时相类似，此处不做赘述，证毕。

性质 5.3 中的研究结果表明，在供应商创新投入、制造商销售努力的供应链中，无论供应商还是制造商主导，随着消费者对供应商创新投入敏感程度的增加，供应价格与产品价格、供应商的创新投入水平和制造商的销售努力水平都会随之提高，同时产品的市场需求量也会有所增大。

这是因为随着消费者对绿色产品偏好的增加，供应商为了更好地吸引消费者会加大自身的创新投入水平，这势必导致供应商生产成本增加。因此，供应商会通过提高产品价格的方式弥补自身在创新投入方面的损失。对于下游企业制造商而言，供应商供应价格的上涨以及自身销售努力水平的增加都将导致其销售成本的增加，因此制造商也会相应提高其产品价格。但随着消费者对绿色产品偏好的增加，产品价格对需求的影响越来越小，发达国家的调查显示，大约一半的受访者更喜欢购买绿色产品，其中约一半的受访者甚至愿意为绿色产品支付更高的价格[142]。

性质 5.4　（1）$\frac{\partial \pi_s^{X*}}{\partial \gamma} > 0$，$\frac{\partial \pi_m^{X*}}{\partial \gamma} > 0$，$\frac{\partial \pi_z^{X*}}{\partial \gamma} > 0$，其中 $X = \{S, M\}$；

（2）$\frac{\partial \pi_s^{S*}}{\partial s} - \frac{\partial \pi_m^{S*}}{\partial s} > 0$，$\frac{\partial \pi_s^{M*}}{\partial s} - \frac{\partial \pi_m^{M*}}{\partial s} < 0$。

证明：（1）以 S 模型为例，根据表 5 - 1 中各成员企业及供应链系统整体的利润，易得：

$$\frac{\partial \pi_s^{S*}}{\partial \gamma} = \frac{\tau^2 \delta \gamma (a - bc + bs)^2}{(4\tau\delta b - \tau\gamma^2 - 2\delta\theta^2)^2} > 0,$$

$$\frac{\partial \pi_m^{S*}}{\partial \gamma} = \frac{2\tau^2 \delta^2 \gamma (2\gamma b - \theta^2)(a - bc + bs)^2}{(4\tau\delta b - \tau\gamma^2 - 2\delta\theta^2)^3} > 0,$$

$$\frac{\partial \pi_z^{S*}}{\partial \gamma} = \frac{\tau^2 \delta \gamma (8\tau\delta b - \tau\gamma^2 - 4\delta\theta^2)(a - bc + bs)^2}{(4\tau\delta b - \tau\gamma^2 - 2\delta\theta^2)^3} > 0。$$

由于 $X = M$ 时的证明过程与 $X = S$ 时相类似，此处不做赘述。

（2）分别对 S 模型与 M 模型中供应商与制造商随着参数 γ 的变化率做差，易得：

$$\frac{\partial \pi_s^{S*}}{\partial \gamma} - \frac{\partial \pi_m^{S*}}{\partial \gamma} = \frac{\tau^3 \delta \gamma^3 (a - bc + bs)^2}{(4\tau\delta b - \tau\gamma^2 - 2\delta\theta^2)^3} > 0,$$

$$\frac{\partial \pi_s^{M*}}{\partial \gamma} - \frac{\partial \pi_m^{M*}}{\partial \gamma} = \frac{\tau^2 \delta \gamma (4\tau\delta b - 2\tau\gamma^2 - 3\delta\theta^2)(a - bc + bs)^2}{(4\tau\delta b - 2\tau\gamma^2 - \delta\theta^2)^3} < 0,$$

性质 5.4 中（1）的研究结果表明，在供应商创新投入、制造商销售努力的供应链中，无论供应商还是制造商主导，随着消费者对供应商创新投入敏感程度的增加，供应链中所有成员企业及系统整体的利润均在增加。这是因为随着消费者环保意识的增强，消费者对产品的绿色度更加关注。为了迎合消费者的消费倾向，供应商便会提高产品的绿色度，同时制造商也会加强自身在产品销售过程中的宣传力度（性质 5.3 中已证明）。《BBMG 意识消费者报告》指出由于消费者环境意识的提高，约有 67% 的美国公民支持购买绿色产品的想法，其中约 51% 的人愿意为更高质量的绿色产品支付更多的费用[143]。由此可见，这种高质量高环保的绿色产品具有较大的市场竞争力，从而为供应商及制造商创造了更多的利润。进一步分析，由性质 5.4 中的（2）可知，消费者对供应商创新投入敏感程度的增强对供应链中主导者的影响更加明显，使其利润的增涨幅度更大。

5.3.3 两种主导模式下均衡结果的比较分析

结论 5.2 在供应商创新投入、制造商销售努力的供应链中，对比两种主导模式下的均衡结果发现：（a）$w^{M*} < w^{S*}$；（b）若 $\gamma/\theta > \sqrt{\delta/\tau}$，则 $p^{M*} < p^{S*}$，$g^{M*} > g^{S*}$，$e^{M*} > e^{S*}$，$q^{M*} > q^{S*}$；若 $\gamma/\theta < \sqrt{\delta/\tau}$，则 $p^{S*} < p^{M*}$，$g^{S*} > g^{M*}$，$e^{S*} > e^{M*}$，$q^{S*} > q^{M*}$。

证明：（1）根据表 5 - 1 中模型 S 与模型 M 中的供应价格，易得：

$$w^{M*} - W^{S*} = \frac{\delta\left[\tau b(4\tau\delta b - 3\tau\gamma^2 - 4\delta\theta^2) + 2\tau\gamma^2 + \theta^2 + \delta\theta^4\right](a - bc + bs)}{b(4\delta\theta b - \tau\gamma^2 - 2\delta\theta^2)(4\tau\delta b - 2\tau\gamma^2 - \delta\theta^2)} < 0;$$

（2）根据表 5 - 1 中模型 S 与模型 M 中的产品价格，易得：

$$p^{M*} - p^{S*} = \frac{(\tau\gamma^2 - \delta\theta^2)(\tau\delta b - \tau\gamma^2 - \delta\theta^2)(a - bc + bs)}{b(4\tau\delta b - \tau\gamma^2 - 2\delta\theta^2)(4\tau\delta b - 2\tau\gamma^2 - \delta\theta^2)}。$$

由此式可以看出，当 $\tau\gamma^2 - \delta\theta^2 > 0$ 时，即 $\gamma/\theta > \sqrt{\delta/\tau}$ 时，$p^{M*} < P^{S*}$；当 $\tau\gamma^2 - \delta\theta^2 \leq 0$ 时，即 $\gamma/\theta \leq \sqrt{\delta/\tau}$ 时，$p^{M*} \geq p^{S*}$。由于供应商的绿色度 g、制造商销售努力水平 e 以及市场需求 q 的证明过程同产品价格 p 类似，此处不做赘述，证毕。

需注意的是，我们用消费者对产品绿色度敏感程度 γ 与消费者对销售努力水平敏感程度 θ 的比值（即 γ/θ），同研发的成本系数与制造商销售努力的成本系数 τ 的比值的开方（即 $\sqrt{\delta/\tau}$）进行比较，若 $\gamma/\theta < \sqrt{\delta/\tau}$，则表示供应商的创新投入效率低于制造商的销售努力效率；若 $\gamma/\theta < \sqrt{\delta/\tau}$，则表示二者的投入效率相等；若 $\gamma/\theta < \sqrt{\delta/\tau}$，则表示供应商的创新投入效率高于制造商的销售努力效率。

结论 5.2 表明，在供应商创新投入、制造商销售努力的供应链中，无论供应商的创新投入水平以及制造商的销售努力水平如何，产品的价格始终在制造商主导模式下是最低的。但对其它决策变量来说，当供应商的创新投入效率高于制造商的销售努力效率时，则在制造商主导模式下产品的价格较低、供应商的创新投入水平及制造商的销售努力水平较高，同时也获得更大的市场需求量。反之，若制造商的销售努力效率高于供应商的创新投入效率时，则在供应商主导模式下产品的产品价格较低、创新投入水平以及销售努力水平较高，同时也促进了产品的市场需求。

之所以会产生上述情形，主要原因在于：当绿色供应链中供应商作为主导者时，他总是会通过提高供应价格的方式来获得更多的利润，但当制造商作为主导者时，则会有效把控供应商的供应价格。因此，供应价格总是在制造商主导模式下更低。其次，当供应商的创新投入效率较高时，较之供应商本身，主导制造商更倾向于要求供应商通过提高产品创新投入水平的方式来满足消费者需求，同时也会积极地提高自身销售努力水平，更好地促进产品销售。相反，若制造商的销售努力效率较高时，较之制造商自身的主导模式，当供应商作为渠道领导者时，具有更大动力要求制造商加强销售努力水平，从而刺激消费者购买，与此同时，供应商也会进一步提高自身的创新投入水平，来吸引那些具有绿色偏好的消费者。

结论 5.3　在供应商创新投入、制造商销售努力的供应链中，对比两种主导模式下各成员企业及系统整体利润发现：（1）$\pi_s^{S*} > \pi_s^{M*}$，$\pi_m^{M*} > \pi_m^{S*}$；（2）若 $\gamma/\theta > \sqrt{\delta/\tau}$，则 $\pi_z^{M*} > \pi_z^{S*}$；若 $\gamma/\theta > \sqrt{\delta/\tau}$，则 $\pi_z^{S*} > \pi_z^{M*}$；（3）$\pi_s^{S*} > \pi_m^{S*}$；$\pi_m^{M*} > \pi_s^{M*}$。

证明：（1）根据表 5 - 1 中模型 S 与模型 M 中供应商与制造商的利润，易得：

$$\pi_s^{S*} - \pi_s^{M*} = \frac{\tau\delta\left[\tau\left(4\delta b - 3\gamma^2\right)\left(2\tau\delta b - \tau\gamma^2 - \delta\theta^2\right) + \delta\theta^2\left(\delta\theta^2 - \tau\gamma^2\right)\right]\left(a - bc + bs\right)^2}{2\left(4\tau\delta b - \tau\gamma^2 - 2\delta\theta^2\right)\left(4\tau\delta b - 2\tau\gamma^2 - \delta\theta^2\right)^2} > 0$$

$$\pi_m^{S*} - \pi_m^{M*} = \frac{\tau\delta\left[\delta\left(4\delta b - \theta^2\right)\left(2\tau\delta b - \tau\gamma^2 - 2\delta\theta^2\right) + \tau\delta\gamma^2\theta^2 + \tau^2\gamma^4 + \delta^2\theta^4\right]\left(a - bc + bs\right)^2}{2\left(4\tau\delta b - 2\tau\gamma^2 - \delta\theta^2\right)\left(4\tau\delta b - \tau\gamma^2 - 2\delta\theta^2\right)^2} < 0$$

（2）根据表 5 - 1 中模型 S 与模型 M 中系统总利润，易得：

$$\pi_z^{S*} - \pi_z^{M*} = \frac{\tau\delta\left(\tau\gamma^2 - \delta\theta^2\right)\left[2\eta\delta\beta\left(8\tau\delta b - 5\tau\gamma^2 - 5\delta\theta^2\right) + 4\tau\delta\gamma^2\theta^2 + \tau^2\gamma^4 + \delta^2\theta^4\right]\left(a - bc + bs\right)^2}{2\left(4\tau\delta b - \tau\gamma^2 - 2\delta\theta^2\right)\left(4\tau\delta b - 2\tau\gamma^2 - \delta\theta^2\right)^2}$$

由此式可以看出，当 $\tau\gamma^2 - \delta\theta^2 > 0$ 时，即 $\gamma/\theta > \sqrt{\delta/\tau}$ 时，$\pi_z^{S*} < \pi_z^{M*}$；当 $\tau\gamma^2 - \delta\theta^2 \leq 0$ 时，即 $\gamma/\theta \leq \sqrt{\delta/\tau}$ 时，$\pi_z^{S*} \geq \pi_z^{M*}$。

（3）的证明过程同（1）相类似，此处不做赘述，证毕。

结论 5.3 表明，在供应商负责创新投入、制造商负责销售努力的绿色供应链中，无论政府给予供应商单位生产的绿色补贴程度如何，供应商与制造商均在自身主导模式下将获得更多的收益。但对供应链系统整体而言，整体收益则受到相关参数的影响：当供应商的创新投入效率高于制造商的销售努力效率时，系统整体则在制造商主导模式下的收益更大；若供应商的创新投入效率低于制造商的销售努力效率时，绿色供应链系统整体的收益则在供应商主导模式下更大。另外，从结论 5.3 中的（3）可以看出，在具有领导者的供应链系统中，相比于其它成员企业，渠道主导者总是能得到更多的利润。本文这一研究结果也是对 Yue 等[144] 在不考虑创新投入和政府补贴时相关结论的进一步扩展。

5.4　不同主导模式下绿色供应链创新投入协调策略

上一节的研究表明，政府补贴、供应商创新投入以及制造商的销售努力行为均能够提高供应链的整体收益，但由于分散式决策导致系统产生了"双重边际"效应，使其无法达到集中决策下的最优水平。因此，本节将通过改进后的"收益共享—成本分担"协调机制来实现两种主导模式下供应链系统的协调。接下来，本节将先给出考虑政府补贴的绿色供应链集中式决策，并以此为协调基准。

5.4.1　供应商主导模式下的协调策略

供应商主导模式下的协调模型简称 CS 模型。本节主要是针对供应商主导的供应链系统，在"收益共享—成本分担"契约协调契约的基础上，设计"政府补贴 & 收益共享—成本分担"契约，从而实现供应商主导的绿色供应链的完美协调。

首先，根据收益共享的思想，供应商将政府的绿色补贴以一定比例分享给制造商，假设供应商获取政府补贴的比例为 x_0，制造商获得政府补贴的比例为 $1 - x_1$，$x_1 \in (0, 1)$；同时，制造商将自身的销售收入以一定比例分享给供应商，假设制造商获取销售收入的比例为 x_2，供应商获得销售收入的比例为 $1 - x_2$，$x_2 \in (0, 1)$。其次，根据成本分担的思想，制造商为供应商分担一定比例的创新投入成本。假设供应商自身承担创新投入成本的比例为 y_1，制造商为其分担的创新投入成本比例为 $1 - y_1$，$y_1 \in (0, 1)$。在此契约下，供应商与制造商的利润函数及所有约束条件分别表示为：

$$\pi_s^{CS}(w, g) = (1 + x_2)pq + x_1 sq + (w - c)q - y_1 \frac{1}{2}\delta g^2 \tag{5-24}$$

$$\pi_m^{CS}(p, e) = x_2 pq + (1 - x_1)sq - wq - \frac{1}{2}\tau e^2 - (1 - y_1)\frac{1}{2}\delta g^2 \tag{5-25}$$

$$\text{s. t.} \begin{cases} (1 - x_2)pq + x_1 sq + (w - c)q - y_1 \frac{1}{2}\delta g^2 \geq \pi_s^{S*} \\ x_2 pq + (1 - x_1)sq - wq - \frac{1}{2}\tau e^2 - (1 - y_1)\frac{1}{2}\delta g^2 \geq \pi_m^{S*} \\ p^{CS*} = P^{C*}, \ g^{CS*} = g^{C*}, \ e^{CS*} = e^{C*} \end{cases} \tag{5-26}$$

定理 5.4 在"政府补贴 & 销售收入共享—绿色成本分担"契约下，当供应商制定的供应价格为 $w^{CS*} = x_2(c-s) + (1-x_1)s$ 时，即实现了供应商主导供应链系统整体的协调。

证明：在上述约束条件下，将 $g^{CS*} = g^{C*}$ 和 $e^{CS*} = e^{C*}$ 代入到式（5-25）后，另 $\dfrac{\partial \pi_m^{CS}(p,e)}{\partial p} = 0$，得：

$$p^{CS*} = \frac{a + rg + \theta e}{2b} + \frac{sx_1 + w - c}{2(1 - x_1)}$$

令 $p^{CS*} = p^{C*}$，可求得：

$$w^{CS*} = x_2(c-s) + (1-x_1)s$$

定理得证。

将 w^{CS*}、g^{CS*}、e^{CS*}、p^{CS*} 代入式（5-24）、（5-25）可以得到供应商的利润为 $\pi_s^{CS*} = \dfrac{\tau^2 \delta(2\delta b(1-x_2) - y_1\gamma^2)(a-bc+bs)^2}{2(2\tau\delta b - \tau\gamma^2 - \delta\theta^2)^2}$，制造商的利润为 $\pi_m^{CS*} = \dfrac{\tau\delta(\delta(2x_2\tau b - \theta^2) - \tau\gamma^2(1-y_1))(a-bc+bs)^2}{2(2\tau\delta b - \tau\gamma^2 - \delta\theta^2)^2}$，此时供应商主导的绿色供应链的总利润为 $\pi_z^{CS*} = \pi_s^{CS*} + \pi_m^{CS*} = \pi_z^{C*}$，即实现了供应商主导的绿色供应链系统的完美协调。

为了使得绿色供应链中的供应商和制造商均接受该契约，则需要满足条件 $\pi_s^{CS*} \geqslant \pi_s^{S*}$，$\pi_m^{CS*} \geqslant \pi_m^{S*}$，从而得到 x_1、x_2 及 y_1 的相应取值范围。

5.4.2 制造商主导模式下的协调策略

制造商主导模式下的协调模型简称 CM 模型。本节则针对制造商主导的供应链系统，在"收益共享—成本分担"基础上，设计了"政府补贴 & 销售收入共享—销售努力成本分担"契约，从而实现制造商主导的绿色供应链协调。收入共享部分同 CS 模型中是一致的，不同之处在于在制造商主导的供应链中，不但要承担一定比例的创新投入成本，还要分担一定比例的销售努力成本。因此，假设制造商承担销售努力成本的比例为 y_2，则供应商分担的销售努力成本比例为 $1 - y_2$，$y_2 \in (0,1)$。在此分担成本契约下，供应商与制造商的利润函数分别表示为：

$$\pi_s^{CM}(w,g) = (1 - x_2)pq + x_1sq + (w - c)q - \frac{1}{2}\delta g^2 - (1 - y_2)\frac{1}{2}\tau e^2$$

$$(5 - 27)$$

$$\pi_m^{CM}(p,e) = x_2pq + (1 - x_1)sq - wq - y_2\frac{1}{2}\tau e^2 \qquad (5 - 28)$$

$$\text{s. t.}\begin{cases} (1 - x_2)\ pq + x_1sq +\ (w - c)\ q - 1\frac{1}{2}\delta g^2 -\ (1 - y_2)\ \frac{1}{2}\tau e^2 \geqslant \pi_s^{M*} \\[2mm] x_2pq +\ (1 - x_1)\ sq - wq - y_2\frac{1}{2}\tau e \geqslant \pi_m^{M*} \\[2mm] p^{CM*} = P^{C*},\ g^{CM*} = g^{C*},\ e^{CM*} = e^{C*} \end{cases}$$

$$(5 - 29)$$

在上述约束条件下，可求得"政府补贴 & 销售收入共享—销售努力成本分担"契约下的均衡结果，见定理 5.5。

定理 5.5 在"政府补贴 & 销售收入共享—销售努力成本分担"契约下，当供应商的供应价格为 $w^{CM*} = x_2(c - s) + (1 - x_1)s$ 时，供应商利润为 $\pi_s^{CM*} = \dfrac{\tau\delta(2\tau\delta b(1 - x_2) - \tau\gamma^2 - \delta\theta^2(1 - y_2))(a - bc + bs)^2}{2(2\tau\delta b - \tau\gamma^2 - \delta\theta^2)^2}$，制造商利润为 $\pi_m^{CM*} = \dfrac{\tau\delta^2(2x_2\tau b - y_2\theta^2)(a - bc + bs)^2}{2(2\tau\delta b - \tau\gamma^2 - \delta\theta^2)^2}$，此时供应链系统的总利润 $\pi_z^{CM*} = \pi_m^{CM*} + \pi_s^{CM*} = \pi_z^{C*}$，即实现了制造商主导的绿色供应链系统整体的协调。

证明过程同定理 5.4，为了使得绿色供应链中的各个成员企业均接受该契约，则需要满足条件 $\pi_m^{CM*} \geqslant \pi_m^{M*}$，$\pi_s^{CM*} \geqslant \pi_s^{M*}$，从而得到 x_1、x_2 及 y_2 的相应取值范围。

5.5　数值仿真及管理启示

通过一个数值算例对主要结论进行分析和检验。在满足文中相关参数假设的前提下，令 $a = 500$，$c = 40$，$\delta = 100$，$\tau = 80$，$b = 6$；当分析政府补贴 s 时，令 $\gamma = 6$，$\theta = 4$；当分析参数 θ 与 γ 时，令 $s = 6$。根据本文的相关研究结果，不同决策模型下的均衡结果及各成员企业与系统整体的利润随着各参数的变化趋势如表 5 - 2、以及图 5 - 1 至图 5 - 6 所示。

5.5.1 政府补贴对均衡结果的影响

政府是促进绿色供应链绿色创新的一个重要推手。所以有必要对政府补贴对不同决策模型均衡结果的影响进一步分析，具体见表5-2。

表5-2 不同主导模式下决策与集中决策均衡结果随着政府补贴的变化

Table 5-2 Change of equilibrium results of decision and centralized decision with government subsidy under different dominant modes

模型 \\ s		2	4	6	8	10	12
p^{X*}	S	72.72	72.25	71.79	71.32	70.85	70.38
	M	72.65	72.18	71.71	71.23	70.76	70.29
	C	61.78	60.83	59.87	58.92	57.97	57.02
g^{X*}	S	0.7022	0.7332	0.7642	0.7952	0.8262	0.8571
	M	0.7071	0.7383	0.7695	0.8007	0.8319	0.8631
	C	1.4266	1.4895	1.5524	1.6154	1.6783	1.7413
e^{X*}	S	0.5852	0.6110	0.6368	0.6627	0.6885	0.7143
	M	0.5893	0.6153	0.6412	0.6672	0.6932	0.7192
	C	1.1888	1.2413	1.2937	1.3462	1.3986	1.4510
q^{X*}	S	70.22	73.32	76.42	79.52	82.62	85.71
	M	70.71	73.83	76.95	80.07	83.19	86.31
	C	142.66	148.95	155.24	161.54	167.83	174.13
π_s^{X*}	S	1591.74	1735.28	1885.03	2040.96	2203.10	2371.43
	M	808.33	881.23	957.27	1036.46	1118.80	1204.28
	C	—	—	—	—	—	—
π_m^{X*}	S	808.20	881.08	957.11	1036.29	1118.61	1204.08
	M	1602.77	1747.31	1898.09	2055.11	2218.37	2387.87
	C	—	—	—	—	—	—

续上表

	s 模型	2	4	6	8	10	12
π_z^{X*}	S	2399.94	2616.37	2842.14	3077.25	3321.71	3575.51
	M	2411.10	2628.54	2855.36	3091.57	3337.17	3592.15
	C	3233.57	3525.17	3829.37	4146.15	4475.52	4817.48

　　政府通过出台不同产业的绿色发展的规制措施来督促供应链绿色创新，通过政府的绿色补贴激励供应链企业绿色创新。政府监管有利于供应链的绿色创新实践，同样政府的资金补贴也能够促进绿色供应链企业的绿色创新，能够增加绿色供应链企业创新投入的意愿，能够提升产品的绿色度，提高消费者绿色福利。表5-2表明，当消费者对产品绿色度的感敏程度以及对销售努力水平的敏感程度一定时，无论在绿色供应链创新投入的集中决策下还是在具有主导者的分散式决策下，随着政府绿色补贴程度的增加，新产品价格降低，而供应商的创新投入水平、制造商的销售努力水平以及新产品市场需求量都在逐步增大，绿色供应链系统的总利润也在逐步增加。这一数据信息验证了本章性质5.1中的相关研究结果。

　　其次，从供应链成员企业及系统整体收益的角度而言，政府对供应商绿色补贴的增加，不仅有利于提高供应商自身的利润，同时对制造商及系统整体收益的增加也是有利的，这也验证了本章性质5.2的相关结论。进一步，对比不同权力结构下供应链系统的最优决策发现，同具有主导者的分散式决策相比，集中式决策下产品的价格更低，成员企业的创新投入水平、销售努力水平以及产品销量均更高。同时供应链整体的总利润也是最大的，该结论再次证明了分散式决策会因"双重边际"效应的产生而造成供应链决策效率受损。为后续的协调提供了充分的理论依据。

　　由表5-2得到的信息揭示出，针对现实中，从事绿色产品的生产、销售等企业构成的供应链系统，无论从提高新产品的绿色度，还是从降低新产品销售价格、扩大市场需求、增加供应链成员利润的角度，政府对实施绿色补贴政策对环境、消费者以及供应链成员企业总是有利的。

5.5.2　消费者绿色偏好对均衡结果的影响

对表 5 - 2 进一步分析，应用 MATLAB 软件绘制不同主导模式下 γ 与 θ 对各均衡结果的变化趋势图，见图 5 - 1 至图 5 - 6。

从图 5 - 1 至 5 - 3 可以看出，当政府给予供应商的单位绿色补贴一定时，随着消费者对供应商创新投入敏感程度以及对制造商销售努力敏感程度的增强，产品绿色度以及产品销售价格与销售努力水平均会随之增加，也就是说消费者的绿色偏好能够促进绿色供应链的发展。并且可以明显看出，由于创新主体为供应商，而产品的销售主体为制造商，所以供应商的创新投入水平受参数 γ 的影响较大、受 θ 的影响较小；而制造商的销售努力水平则受参数 θ 的影响较大、受 γ 的影响较小。

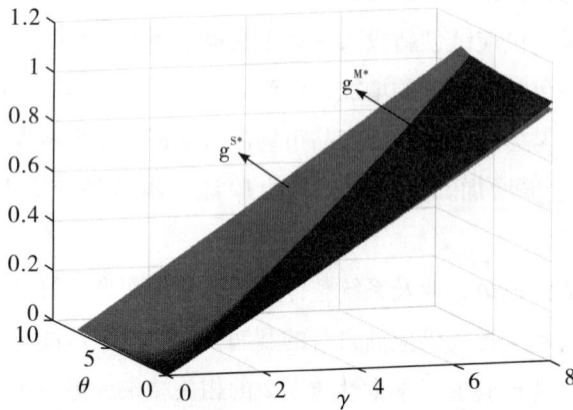

图 5 - 1　不同主导模式下 g 随着 γ 与 θ 的变化趋势

Fig. 5 - 1　Variation trend of g with γ and θ under different dominant modes

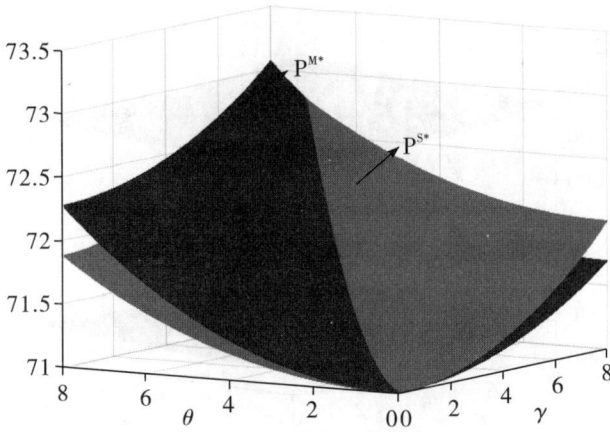

图 5 - 2　不同主导模式下 p 随着 γ 与 θ 的变化趋势

Fig. 5 - 2　Variation trend of p with parameters γ and θ under different dominant modes

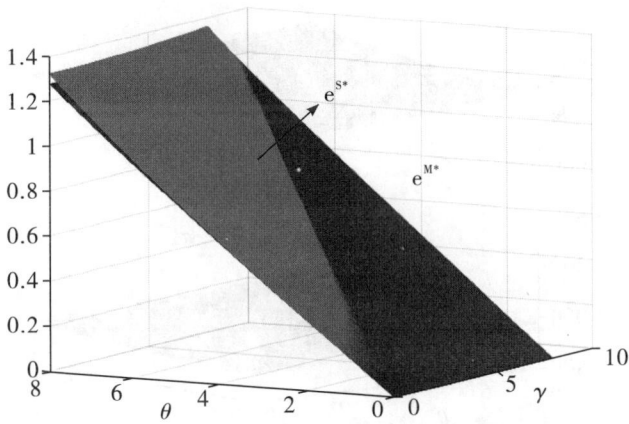

图 5 - 3　不同主导模式下 e 随着 γ 与 θ 的变化趋势

Fig. 5 - 3　Variation trend of e with parameters γ and θ under different dominant modes

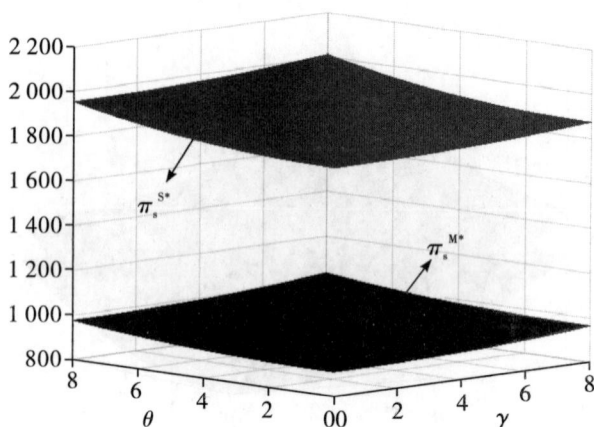

图 5 - 4　不同主导模式下供应商利润随着 γ 与 θ 的变化趋势

Fig. 5 - 4 Variation trend of supplier's profit with γ and θ under different dominant modes

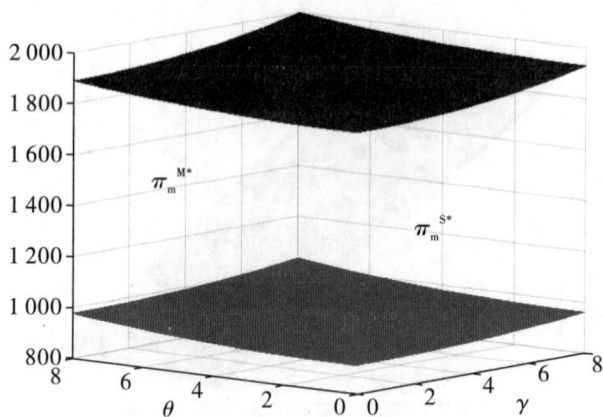

图 5 - 5　不同主导模式下制造商利润随着 γ 与 θ 的变化趋势

Fig. 5 - 5　Variation trend of manufacturer's profit in different dominant modes with γ and θ

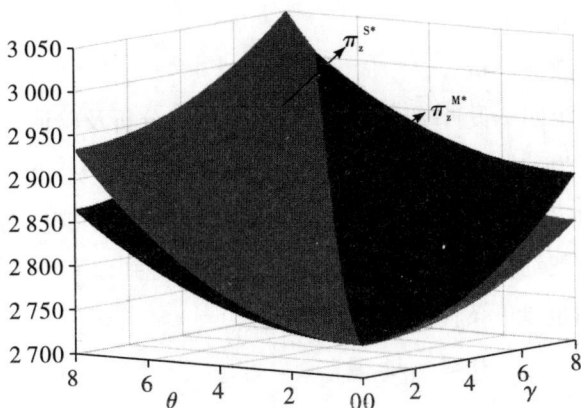

图 5 - 6　不同主导模式下整体利润随着 γ 与 θ 的变化趋势

Fig. 5 - 6　Variation trend of overall profit in different dominant modes with γ and θ

进一步对比两种主导模式下的均衡结果发现：无论供应商创新投入效率与制造商的销售努力效率如何，产品的价格始终在制造商主导模式下是最低的；而产品销售价格、产品绿色度及销售努力水平均受到参数 γ 与 θ 的共同影响：当供应商的创新投入效率高于制造商的销售努力效率时，则在制造商主导模式下产品价格更低、供应商的创新投入水平及制造商的销售努力水平更高，同时也获得更大的市场需求量；反之，若制造商的销售努力效率高于供应商的创新投入效率时，则在供应商主导模式下产品价格更低、产品绿色度以及销售努力水平更高，同时也促进了产品的市场需求。这一仿真结果再次证明了结论 5.1 的研究结果。

从图 5 - 4 至 5 - 6 可以看出，当政府给予制造商的单位绿色补贴一定时，随着消费者对绿色产品的偏好程度以及对制造商销售努力敏感程度的增强，供应商与制造商的利润均在增大。另外，我们还发现，在具有主导者的供应链中，渠道领导者总是会获取较其它成员更多的利润；进一步对比供应商与制造商在两种主导模式下的利润发现，其均是在自身主导模式下获得的收益是更大的。图中给出了供应链系统总利润随着参数 γ 与 θ 的变化趋势，对供应链系统整体而言，其利润受到消费者对绿色产品偏好程度以及对制造商销售努力敏感程度的共同影响：当供应商的创新投入效率高于制造商的销售努力效率时，系统整体则在制造商主导模式下的收益更大；若供应商的创新投入效率低于制造商的销售努力效率时，系统整体则在供应商主导模式下获取更大的收益。上述仿真结果也进一步验证了本文结论 5.2 的研究结果。

协调契约的有效性分析

本小节对本文第四节设计契约协调的有效性进行分析及验证。假定此时政府单位产品补贴额度为 $s=6$，消费者对绿色产品偏好程度为 $\gamma=6$，消费者对制造商销售努力水平敏感程度为 $\theta=4$，其它相关参数依然采用前文中的设定。为了保证两种主导模式下契约协调后所有成员企业利润均得到改善，则要求契约参数 x_1、x_2、y_1 及 y_2 满足以下条件：

$$\begin{cases} 0 \leqslant x_1 \geqslant 1 \\ 9.49 < 33.33x_2 + y_1 < 17.69 \\ 28.35 < 60x_2 - y_2 < 42.90 \end{cases} \qquad (5-30)$$

因此，在满足上述条件的基础上，令 $x_1=0.6$，$x_2=0.5$，$y_1=0.4$，$y_2=0.4$，在相关参数值给定时，分散式决策、集中式决策以及契约协调后的均衡结果如表 5-3 所示。制造商和供应商接受该协调机制的前提条件是经协调后各方利润均不得低于协调前，从表 5-3 可以看出，无论在供应商还是制造商主导模式下，同分散式决策相比，在本文改进的"收益共享—成本分担"契约下，新产品销售价格有所降低，而新产品市场需求量、供应商创新投入水平以及制造商销售努力水平均有所提高；与此同时，供应链系统中所有成员的利润均得到改善，并且系统整体的总利润达到集中式决策下的总利润。

因此，本文建立的"政府补贴 & 销售收入共享—绿色成本分担"契约以及"政府补贴 & 销售收入共享—销售努力成本分担"契约能够完美协调供应商与制造商各自主导模式下的供应链系统，并实现了系统成员共赢及提高创新投入水平的目的。也就是说，只要绿色供应链的供应商和制造商充分的协商，能够寻找到最优的合作绿色创新决策方案。

表 5-3　不同决策模型中的均衡决结果

Table　5-3 Equilibrium results in different decision models

决策模型	P^*	g^*	e^*	q^*	π_s^*	π_m^*
S	71.79	0.7642	0.6368	76.42	1885.00	957.11
M	71.71	0.7695	0.6412	76.75	957.27	1898.10

续上表

决策模型	P^*	g^*	e^*	q^*	π_s^*	π_m^*
C	59.87	1.5524	1.2937	155.24	\	\
CS	59.87	1.5524	1.2937	155.24	1960.20	1869.20
CM	59.87	1.5524	1.2937	155.24	1847.70	1981.60

　　集中决策下绿色度高、生产量高、产品价格低；在分散决策下供应商和制造商均以最大化其个体收益为决策目标，这通常使得绿色供应链产生双重边际效应，从而导致产品绿色度、绿色产品生产量都低于集中决策下的最优值，导致绿色供应链不能实现最优状态。在分散决策下以集中决策下产品价格、绿色度、销售努力水平为标准，提出"收益共享—成本分担"契约对绿色供应链进行协调。"收益共享—成本分担"契约能够提升产品绿色度，能够降低产品价格，从而提升消费者福利和绿色供应链整体利润。"收益共享—成本分担"契约下的收益和绿色创新成本要有一个合理的分配比例，分配比例取决于供应商和制造商的谈判能力。"收益共享—成本分担"契约可以激励制造商绿色创新投入，提高绿色供应链的整体绩效。

　　通过以上数值分析可以得出如下管理启示：

　　绿色创新能够提升经济绩效和环境绩效是获得普遍认可的，绿色创新势在必行，在绿色供应链中无论主导者是供应商还是制造商，都需要两者之间加强合作，当制造商处于主导地位时，会获得相对较高的利润，但同时会压低供应价格，这不利于供应商的绿色创新，不利于供应链可持续发展；当供应商处于主导地位时，会提高供应价格，制造商会相应地提高产品销售价格，这同样不利供应链的可持续性。绿色创新要投入大量的资金，这可能给企业带来短期的经营困难甚至会导致其巨额亏损，因此需要合作双方达成"收入共享—成本分担"契约，这样才有利于绿色供应链上下游企业长期稳定的合作关系，才有利于绿色供应链的绿色创新策略的实施，有利于提高绿色供应链整体利润。从政府的角度来看，政府对绿色创新补贴时要考虑补贴标准，政府降低标准或者提高补贴额都有利于降低产品价格，增加消费者剩余，有利于提高绿色产品的销量，从而促进绿色产供应链的发展。

5.6　本章小结

本章在第三章的基础上引入了制造商销售努力，构建了在制造商主导和供应商主导下的绿色供应链创新投入决策模型，探讨了政府补贴、供应商的创新投入及制造商销售努力对供应链的影响。通过改进"收益共享—成本分担"协调机制来实现两种主导模式下供应链系统的协调。得出以下主要结论：（1）绿色供应链中无论供应商还是制造商主导模式下，绿色补贴能够改善绿色供应链整体绩效，能够促进绿色供应链创新投入。在制造商主导模式下消费者绿色福利更高，绿色供应链企业均在自身主导模式下获得更大利润。（2）在"收益共享—成本分担"协调思想构建的协调模型，只要在成员企业愿意接受的契约参数范围内，可以实现供应链系统的完美协调。

《 第 6 章 》

考虑公平偏好的绿色供应链创新投入
决策模型及协调策略

现有关于绿色供应链的研究大多是基于决策者是完全理性的，而现实是绿色供应链成员在利益分配时必将受到公平偏好心理影响以期待更为公平的结果。从目前的研究成果看，很多学者在公平偏好问题的研究方面，大多围绕公平偏好对契约签订、订货量和定价的影响展开讨论，大多数的研究对象是制造商与零售商的绿色供应链系统的决策问题，有的已经考虑公平偏好行为。如 Waltho 认为制造商致力于提高产品的绿色度，并构建了基于公平偏好的制造商主导和零售商主导的绿色供应链 Stackelberg 博弈模型[145]。韩同银构建了双渠道的绿色供应链 Stackelberg 博弈模型，研究结果表明零售商公平偏好并不影响产品销售价格[146]。杨浩雄认为公平偏好程度对产品价格和绿色度会产生不同影响，公平偏好行为有利于增加供应链的整体效用[147]。周永圣从合作绿色创新角度出发构建演化博弈模型分析制造商和供应商的绿色创新策略，认为"搭便车"行为会影响合作创新的积极性，应采取奖惩机制来促进合作创新[148]。鲜有探讨从公平的角度如何激励和提升产品绿色度的问题，缺乏考虑制造商的奖惩机制对绿色供应链创新投入决策的影响。

本章通过构建基于绿色供应链内部奖惩契约的制造商公平偏好模型，探索绿色供应链中供应商和制造商绿色创新中的利益诉求及决策机制，以期为供应商和制造商提供创新投入的最优决策，实现双方获利、供应链绿色化的良性发展。从供应链系统的角度出发，建立基于"ERC"的绿色供应链公平偏好模型，对模型进行拓展和求解，并分析协调条件及协调效果，通过数值算例进一步分析公平偏好对绿色供应链的决策和协调的影响。本章的研究能为绿色供应链的供应商和制造商创新投入提供决策参考，引入公平偏好进一步拓展了前文的研究内容。

6.1　问题描述与基本假设

绿色供应链需要在供应商和制造商不同的合作阶段设定不同的目标，当双方处于合作的初期时，绿色供应链的制造商主要目标是约束供应商原材料绿色度，在这时奖惩契约将是供应商最好的策略选择。奖励契约能够激励供应商的绿色创新，从而提升双方的利润。同时，惩罚契约通过降低单位产品价格来惩罚供应商提供不达标产品的行为，这也有利于促进供应商为了提供达标产品而实施绿色创新。

所以本章的研究是基于制造商具有公平偏好的情况，在"ERC"公平偏好模型的基础上对其进行拓展应用，在 Chiu[149] 提出的以数量为标准的奖惩契约的基础上，参考闫峰[150]的以质量为标准的奖惩契约的研究。本章采用以绿色度为标准的奖惩契约对原模型进行改进，做出如下假设：

假设 1：市场需求 D 与产品价格、产品绿色度成线性关系，$D = a - bp + \gamma g$。其中：a 为市场容量，p 为产品销售价格，b 为消费者对绿色产品价格的敏感系数，g 为产品的绿色度，γ 为消费者的绿色偏好，a、p、b、g、γ 均为正数。

假设 2：制造商生产量等于市场需求，即 $q = D$。

假设 3：在绿色供应链中产品的绿色度由制造商决定，假设制造商要求产品绿色度标准为 g_0，$g_0 > 0$，供应商提供的产品绿色度为 g，$g > 0$。

假设 4：创新成本与绿色度的函数关系为 $\dfrac{c(g) = 1}{2\delta g^2}$，$\delta$ 为研发成本系数，δ 的值为较大的正常数。

假设 5：供应商提供的产品绿色度 $g \geqslant g_0$ 时，制造商对供应商进行奖励，按增加单位产品单价形式进行奖励，ϕ 为单位产品奖励额度。

假设 6：供应商提供的产品绿色度 $g < g_0$ 时，制造商对供应商进行惩罚，按减少单位产品单价形式进行惩罚，μ 为单位产品惩罚额度。

假设 7：供应商的边际生产成本为 C_s，制造商的边际成本为 C_m，转移支付

T，供应价格为 w，则制造商向供应商的转移支付为：

$$T = \begin{cases} (w + \phi)q & g \geqslant g_0 \\ (w - \mu)q & g < g_0 \end{cases} \qquad (6-1)$$

6.2　公平偏好下基于奖惩契约的创新投入决策及协调

6.2.1　基于奖惩契约的创新投入决策模型

在前文研究的基础上，引入了奖惩契约，无论奖励还是惩罚，可以用转移支付 T 代表制造商支付给供应商的货款，因此，不考虑公平偏好的情况下，绿色供应链的制造商与供应商的利润函数 π_m 与 π_s 为：

$$\pi_m = pq - T - C_m q = (p - C_m)(a - bp + \gamma g) - T \qquad (6-2)$$

$$\pi_s = T - C_s q - \frac{1}{2}\delta g^2 = T - C_s(a - bp + \gamma g) - \frac{1}{2}\delta g^2 \qquad (6-3)$$

绿色供应链的整体利润为 $\pi(p, g)$ 为：

$$\pi(p,g) = \pi_m + \pi_s = (p - C_m - C_s)(a - bp + \gamma g) - \frac{1}{2}\delta g^2 \qquad (6-4)$$

定理 6.1　若 $4\delta b - \gamma^2 > 0$，则绿色供应链的最优绿色度、产品价格分别为：

$$g^* = \frac{b\gamma(C_m + C_s) - a\gamma}{\gamma^2 - 2b\delta}, \quad p^* = \frac{(\gamma^2 - b\delta)(C_m + C_s) - a\delta}{\gamma^2 - 2b\delta}。$$

证明：将式（6-4）对 g 求一阶导数，令 $\dfrac{\partial \pi(p,g)}{\partial g} = 0$，$\dfrac{\partial \pi(p,g)}{\partial p} = 0$，得：

$$g = \frac{(p - C_m - C_s)\gamma}{\delta} \qquad (6-5)$$

$$p = \frac{a + b(C_m - C_s) + \gamma g}{2b} \qquad (6-6)$$

式（6-5）与式（6-6）联立解得：

$$g^* = \frac{b\gamma(C_m + C_s) - a\gamma}{\gamma^2 - 2b\delta} \qquad (6-7)$$

$$p^* = \frac{(\gamma^2 - b\delta)(C_m + C_s)}{\gamma^2 - 2b\delta} \qquad (6-8)$$

对式（6-4）分别求 g、w 的二阶偏导，得到 Hessian 矩阵 H_4：

$$H_4 = \begin{bmatrix} \dfrac{\partial^2 \pi(p,g)}{\partial g^2} & \dfrac{\partial^2 \pi(p,g)}{\partial g \partial p} \\ \dfrac{\partial^2 \pi(p,g)}{\partial p \partial g} & \dfrac{\partial^2 \pi(p,g)}{\partial p^2} \end{bmatrix} = \begin{bmatrix} -\delta & \gamma \\ \gamma & -2b \end{bmatrix} \qquad (6-9)$$

因为 Hessian 矩阵 H_4 的顺序主子式为 $-\delta$ 和 $|H_1| = 2\delta b - \gamma^2$，其中 $\delta > 0$，所以当 $2\delta b - \gamma^2 > 0$ 时，$\pi(p, g)$ 是 g 和 p 的联合凹函数。这说明存在最优产品价格 p^* 和最优绿色度 g^2，对于绿色供应链整体来说存在着最优的创新投入，且唯一，因此，由式（6-7）和式（6-8）得到的产品绿色度 g_1^* 和供应价格 p_1^* 是最优的。定理得证。

6.2.2　改进"ERC"公平偏好模型

"ERC"公平偏好模型是由 Bolton 最早提出的，该模型不仅考虑自身收益，而且还会考虑公平，这更贴近绿色供应链现实情况。"ERC"模型是将自身利益和群体内平均收益进行比较。对于绿色供应链上的成员企业来说，在关注自身收益的同时，也会关注上下游企业的收益情况，会促使绿色供应链成员企业收益的公平。本文研究的是只有供应商和制造商的两级供应链，也就是将自身收益与二者的平均收益进行比较。

"ERC"公平偏好理论关注的是企业自身在供应链的地位如何，该理论假设在 n 个成员中，其中第 i（$i = 1, 2, \cdots, n$）个成员的效用函数为 $u_*(y_8, \sigma_i)$，y_i 表示对于整体来说的正回报（收益），即 $y_i \geq 0$，$\sigma_i = \sigma_i(y, c, n)$，其中 $c = \sum_{i=1}^{n} y_i$，$y_i = c\sigma_i$。由于 $u_i(y_i, \sigma_i)$ 是可微的，且为严格增函数，当 $\sigma_i = \dfrac{1}{n}$ 时，$u_i(y_i, \sigma_i)$ 取值最大[151]。

本文研究绿色供应链的供应商和制造商的双方博弈问题，即 $n = 2$，这时，

$$u_i(y_i, \sigma_i) = u_i(c\sigma_i, \sigma_i) = \alpha_i c\sigma_i - \frac{1}{2}\beta_i\left(\sigma_i - \frac{1}{2}\right)^2 \qquad (6-10)$$

其成员企业的效用函数可化简为：

$$u_i = \alpha_i y_i - \frac{1}{2}\beta_i\left(y_i - \frac{c}{2}\right)^2 \qquad (6-11)$$

其中：$\alpha_i \geq 0$，$\beta_i \geq 0$。α_i 越小表示成员对公平越关注，当 $\alpha_i = 0$ 时，表示供

应链成员是绝对公平主义者；β_i 越小表示成员对自身利益越关注，当 $\beta_i = 0$ 时，表示供应链成员为绝对的利己主义者。因此，用 $\dfrac{\alpha_i}{\beta_i}$ 的比值来表示供应链成员的公平偏好程度。

在只有制造商和供应商的绿色供应链中，假设制造商具有公平偏好，制造商和供应商的渠道力量相当，因此制造商的效用函数可以进一步改进为：

$$\mu_m(\pi) = \alpha\pi_m - \beta\left(\pi_m - \frac{\pi}{2}\right) \qquad (6-12)$$

α 表示制造商对自身收益的关注度，β 表示对公平的关注度，$\dfrac{\alpha}{\beta}$ 表示制造商的公平偏好程度，其中 $\alpha > 0$，$\beta > 0$。制造商不会存在无限追求公平的可能，则设 $\dfrac{\alpha}{\beta} > \dfrac{1}{2}$，将制造商利润函数 π_m 和绿色供应链整体利润函数 $\pi(p, g)$ 代入到式（6-12）中，得：

$$\mu_m(\pi) = (\alpha - \beta)\pi_m + \frac{\beta\pi}{2} = (\alpha - \beta)[(p - C_m)(a - bp + \gamma g) - T]$$

$$+ \frac{\beta}{2}\left[(p - C_m - C_s)(a - bp + \gamma g) - \frac{1}{2}\delta g^2\right] \qquad (6-13)$$

6.2.3 公平偏好下奖惩契约协调

6.2.3.1 供应商产品绿色度大于制造商绿色度标准

这种情况下，制造商对供应商进行奖励，此时制造商的效用函数：

$$\mu_m(\pi) = (\alpha - \beta)[(p - C_m - w - \phi)(a - bp + \gamma g)]$$

$$+ \frac{\beta}{2}\left[(p - C_m - C_s)(a - bp + \gamma g) - \frac{1}{2}\delta g^2\right] \qquad (6-14)$$

结论6.1 当供应商提供的产品绿色度大于制造商的绿色度标准时，即 $g > g_0$ 时，有且仅有唯一的 p_1^* 和 g_1^*：

$$p_1^* = \frac{2\gamma^2(\alpha - \beta)(C_m + w + \phi) + \beta\gamma^2(C_m + C_s) - \beta a\delta - (\alpha - \beta)(C_m + w + \phi) - \dfrac{\beta}{2}(C_m + C_s)}{(2\alpha - \beta)\gamma^2 - 2b\beta\delta}$$

$$g_1^* = \frac{2\gamma b(\alpha - \beta)(C_m + w + \phi) + b\gamma\beta(C_m + C_s) - \delta a(2\alpha - \beta)}{(2\alpha - \beta)\gamma^2 - 2b\beta\delta}$$

证明：当 $g > g_0$ 时，对 μ_m (π) 分别求 p 和 g 的一阶导数，可以得出：

$$\frac{\partial \mu_m(\pi)}{\partial p} = (\alpha - \beta)[b(C_m + w + \phi) + a - 2bp + \gamma g]$$

$$+ \frac{\beta}{2}[(a - 2bp + \gamma g) + b(C_m + C_s)]$$

$$\frac{\partial \mu_m(\pi)}{\partial g} = \delta(\alpha - \beta)(p - C_m - w - \phi) + \frac{\beta}{2}[\gamma(p - (C_m + C_s) - \delta g]$$

对式（6-14）分别求 p、g 的二阶偏导，得到 Hessian 矩阵 H_5：

$$H_5 \begin{bmatrix} \dfrac{\partial^2 \mu_m(\pi)}{\partial p^2} & \dfrac{\partial^2 \mu_m(\pi)}{\partial p \partial g} \\ \dfrac{\partial^2 \mu_m(\pi)}{\partial g \partial p} & \dfrac{\partial \mu_m(\pi)}{\partial g^2} \end{bmatrix} = \begin{bmatrix} -b(2\alpha - \beta) & (\alpha - \dfrac{\beta}{2})\gamma \\ (\alpha - \dfrac{\beta}{2})\gamma & -\dfrac{\beta\delta}{2} \end{bmatrix} \quad (6-15)$$

因为 $\beta > 0$，$\dfrac{\alpha}{\beta} > \dfrac{1}{2}$，所以当 $b\beta\alpha - (\alpha - \dfrac{\beta}{2})\gamma^2 > 0$ 时，函数 μ_m (π) 是关于 p 和 g 的联合凹函数，所以 μ_m (π) 存在最优解，令 $\dfrac{\partial \mu_m(\pi)}{\partial p} = 0$，$\dfrac{\partial \mu_m(\pi)}{\partial g} = 0$，能够求出产品价格和绿色度的最优值 $p_1{}^*$、$g_1{}^*$，从而决定创新投入。

性质 6.1　当 $g > g_0$ 时，制造商具有公平偏好，当 $\alpha - \beta$ 时，绿色供应链的整体利润最大。

证明：当 $g > g_0$ 时，

$$g_1{}^* = \frac{2\gamma b(\alpha - \beta)(C_m + w + \phi) + b\gamma\beta(C_m + C_s) - \gamma(2a - \beta)}{(2\alpha - \beta)\gamma^2 - 2b\beta\delta}$$

因为 $\beta > 0$，所以可以将上式分子分母同时除以 β，得：

$$g_1{}^* = \frac{2\gamma b\left(\dfrac{\alpha}{\beta} - 1\right)(C_m + w + \phi) + b\gamma(C_m + C_s) - \gamma a\left(2\dfrac{\alpha}{\beta} - 1\right)}{\left(2\dfrac{\alpha}{\beta} - 1\right)\gamma^2 - 2b\delta}$$

设 $\dfrac{\alpha}{\beta} - 1 = x$，则 $\dfrac{\alpha}{\beta} = x + 1$，那么上式变为：

$$g_1{}^* = \frac{2\gamma bx(C_m + w + \phi) + b\gamma(C_m + C_s) - \gamma a(2x + 1)}{(2x + 1)\gamma^2 - 2b\delta},$$

将上式对 x 求导，得：

$$\frac{dg_1^*}{dx} = \frac{2\gamma^3 b(w - C_s + \phi) + 4b\gamma\delta[a - b(w + C_m + \phi)]}{[(2x + 1)\gamma^2 - 2b\delta]^2} > 0$$

由于 $\pi(p, g)$ 是关 p 和 g 的联合凹函数，且当 $g = g^*$ 处取得最大值。当 $x > 0$ 时，即 $\frac{\alpha}{\beta} > 1$ 时，绿色供应链的整体利润随着 $\frac{\alpha}{\beta}$ 增加而减小，当 $x < 0$ 时，即 $\frac{\alpha}{\beta} < 1$ 时，绿色供应链的整体利润随着 $\frac{\alpha}{\beta}$ 的增加而增加，只有当 $\alpha = \beta$ 时，绿色供应链的整体利润最大。

6.2.3.2　供应商产品绿色度小于制造商绿色度标准

这种情况下，制造商对供应商进行惩罚，此时制造商的效用函数为：

$$\mu_m(\pi) = (\alpha - \beta)[(p - C_m - w + \mu)(a - bp + \gamma g)]$$
$$+ \frac{\beta}{2}[(p - C_m - C_s)(a - bp + \gamma g) - \frac{1}{2}\delta g^2] \qquad (6-16)$$

结论 6.2　当供应商提供的产品绿色度小于制造商要求的绿色度时，即 $g < g_0$ 时，有且仅有唯一的 p_2^* 和 g_2^*：

$$p_2^* = \frac{2\gamma^2(\alpha - \beta)(C_m + w - \mu) + \beta\gamma^2(C_m + C_s) - \beta a\delta}{(2\alpha - \beta)\gamma^2 - 2b\delta}$$

$$- \frac{\frac{2b\delta\beta}{2\alpha - \beta}[(\alpha - \beta)(C_m + w + \mu) + \frac{\beta}{2}(C_m + C_s)]}{(2\alpha - \beta)\gamma^2 - 2b\delta}$$

$$g_2^* = \frac{2\gamma b(\alpha - \beta)(C_m + w - \mu) + b\gamma\beta(C_m + C_s) - \gamma a(2\alpha - \beta)}{(2\alpha - \beta)\gamma^2 - 2b\beta\delta}$$

证明过程同结论 6.1。

性质 6.2　当 $g < g_0$ 时，制造商具有公平偏好，当 $\alpha = \beta$ 时，绿色供应链的整体利润最大。

证明：当 $g < g_0$ 时，

$$g_2^* = \frac{2\gamma b(\alpha - \beta)(C_m + w - \mu) + b\gamma\beta(C_m + C_s) - \gamma a(2\alpha - \beta)}{(2\alpha - \beta)\gamma^2 - 2b\beta\delta}$$

因为 $\beta > 0$，所以可以将上式分子分母同时除以 β，得：

$$g_2^* = \frac{2\gamma b(\frac{\alpha}{\beta} - 1)(C_m + w - \mu) + b\gamma(C_m + C_s) - \gamma a(2\frac{\alpha}{\beta} - 1)}{(2\frac{\alpha}{\beta} - 1)\gamma^2 - 2b\delta}$$

具体证明过程同性质 6.1，所以，无论供应商提供产品绿色度如何，只有当 $\alpha = \beta$ 时，绿色供应链的整体利润最大。

6.2.4　协调契约的有效性分析

结论 6.3　$g > g_0$，当 $\alpha = \beta$ 时，奖惩契约能够协调供应链。

证明： $g > g_0$，要实现绿色供应链的协调，需要满足下面的条件：$p_1^* = p^*$，$g_1^* = g^*$，即：

由 $p_1^* = p^*$ 得：

$$
\frac{2\gamma^2(\alpha - \beta)(C_m + w + \phi) + \beta\gamma^2(C_m + C_s) - \beta a\delta}{(2\alpha - \beta)\gamma^2 - 2b\beta\delta}
$$

$$
- \frac{\dfrac{2b\delta\beta}{2\alpha - \beta}[(\alpha - \beta)(C_m + w + \phi) + \dfrac{\beta}{2}(C_m + C_s)]}{(2\alpha - \beta)\gamma^2 - 2b\beta\delta}
\tag{6-17}
$$

$$
= \frac{(\gamma^2 - b\delta)(C_m + C_s) - a\delta}{\gamma^2 - 2b\delta}
$$

由 $g_1^* = g^*$ 得：

$$
\frac{2\gamma b(\alpha - \beta)(C_m + w + \phi) + b\gamma\beta(C_m + C_s) - \delta a(2\alpha - \beta)}{(2\alpha - \beta)\gamma^2 - 2b\beta\delta} = \frac{b\gamma(C_m + C_s) - a\gamma}{\gamma^2 - 2b\delta}
\tag{6-18}
$$

当 $\beta > 0$ 时，（6-17）式左边化简为：

$$
\frac{\beta\gamma^2(C_m + C_s) - \beta a\delta - \dfrac{2b\delta\beta}{2\alpha - \beta}[\dfrac{\beta}{2}(C_m + C_s)]}{(2\alpha - \beta)\gamma^2 - 2B\beta\delta}
\tag{6-19}
$$

因为 $\beta > 0$，所以式（6-19）分子、分母同除以 β，从而可以得出式（6-17）等式恒成立。同理，当 $\alpha = \beta$ 时，式（6-18）等式两边恒成立。从而可以判定 $\alpha = \beta$ 时，$p_1^* = p^*$，$g_1^* = g^*$，此时奖惩契约可以协调绿色供应链。

结论 6.4　当 $g < g_0$ 时，当制造商对公平的关注程度与对自身利益关注程度相同，即 $\alpha = \beta$ 时，奖惩契约能够协调供应链。

证明： 当 $g < g_0$ 时，要实现绿色供应链的协调，需要满足下面的条件：$p_2^* = p^*$，$g_2^* = g^*$，即：需（6-20）与（6-21）成立。

$$
\frac{2\gamma^2(\alpha - \beta)(C_m + w + \phi) + \beta\gamma^2(C_m + C_s) - \beta a\delta}{(2\alpha - \beta)\gamma^2 - 2b\beta\delta}
$$

$$-\frac{\dfrac{2b\delta\beta}{2\alpha-\beta}[\,(\alpha-\beta)(C_m+w+\phi)+\dfrac{\beta}{2}(C_m+C_s)\,]}{(2\alpha-\beta)\gamma^2-2b\beta\delta}=\frac{(\gamma^2-B\delta)(C_m+C_s)-a\delta}{\gamma^2-2b\delta}$$

$$(6-20)$$

$$\frac{2\gamma b(\alpha-\beta)(C_m+w-\mu)+b\gamma\beta(C_m+C_s)-\delta a(2\alpha-\beta)}{(2\alpha-\beta)\gamma^2-2b\beta\delta}=\frac{b\gamma(C_m+C_s)-a\gamma}{\gamma^2-2b\delta}$$

$$(6-21)$$

当 $\alpha=\beta$ 时，等式左边化简得：

$$\frac{\beta\gamma^2(C_m+C_s)-\dfrac{\beta a\delta-2b\delta\beta}{2\alpha-\beta}[\,\dfrac{\beta}{2}(C_m+C_s)\,]}{(2\alpha-\beta)\gamma^2-2b\beta\delta}$$

$$(6-22)$$

因为 $\beta>0$，所以上式分子、分母同除以 β，从而可以得出（6-20）等式恒成立。同理，当 $\alpha=\beta$ 时，式（6-21）等式两边恒成立。从而可以判定 $\alpha=\beta$ 时，$p_2{}^*=p^*$，$g_2{}^*=g^*$，此时奖惩契约可以协调绿色供应链。

结论 6.5　当 $g=g_0$ 时，当且仅当 $\alpha=\beta$ 时，奖惩契约能够使供应链协调。

证明：当 $g_1{}^*\geqslant g_0\geqslant g_2{}^*$ 时，供应商提供的产品的绿色度等于制造商绿色度标准 g_0。

（1）首先假设 $\alpha\neq\beta$，当 $\alpha>\beta$ 时，得出 $g_1{}^*>g^*$，又 $g_0\geqslant g_1{}^*$，从而得出，$g_0\geqslant g_1{}^*>g^*$；当 $\alpha<\beta$ 时，得出 $g_2{}^*<g^*$，又 $g_0\leqslant g_2{}^*$，从而得出，$g_0\leqslant g_2{}^*<g^*$。由此可以判断，当 $\alpha\neq\beta$ 时，不能够实现绿色供应链的协调。

（2）假设 $\alpha=\beta$，由结论 6.2 可知，$g_1{}^*=g^*$，由结论 6.4 可知，$g_2{}^*=g^*$，，又因为 $g_2{}^*\geqslant g_0\geqslant g_1{}^*$，所以可以得出 $g_0=g_1{}^*=g_2{}^*=g^*$，当且仅当 $\alpha=\beta$ 时，奖惩契约能够使供应链协调。

6.3　基于渠道力量的创新投入决策及协调分析

上文研究的是假设绿色供应链中的制造商具有公平偏好，制造商和供应商的渠道力量相当时的绿色供应链的协调问题。但现实情况是制造商和供应商的谈判能力和话语权的不同，会导致渠道力量并不相当，这是由于企业自身资源和外部市场环境所决定的。根据 Kahneman 的前景理论的研究，公平偏好会受到不同参照点的影响[152]。为了进一步分析公平偏好对绿色供应链的协调的影响，选择不同的公平偏好的参照点进一步研究。当绿色供应链中的供应商和制造商的渠道力量不等时，制造商的利润函数在式（6-13）的基础上变为：

$$\mu_m(\pi) = (\alpha - \beta)\pi_m + \varepsilon\frac{\beta\pi}{2} = (\alpha - \beta)\big[(p - C_m)(a - bp + \gamma g) - T\big]$$

$$+ \varepsilon\frac{\beta}{2}\Big[(p - C_m - C_s)(a - bp + \gamma g) - \frac{1}{2}\delta g^2\Big] \qquad (6-23)$$

其中：公平参照系数为 ε，它反映的是绿色供应链中供应商和制造商的渠道力量差异。若制造商处于弱势地位，其均衡收益小于供应商的收益，则 ε 的取值范围为 $0 < \varepsilon < 1$。

结论 6.6　在绿色供应链中假设供应商和制造商的主体地位不同，当 $\frac{\alpha}{\beta} > 1$ 时，ε 越大，对应的产品价格 p 越小，绿色度 g 越小；当 $\frac{\alpha}{\beta} < 1$ 时，ε 越大，对应的产品价格 p 越大，绿色度 g 越大。

证明：当考虑绿色供应链内制造商和供应商主体地位不同时，由命题 6.1 和命题 6.3 可知，p 和 g 存在最优解，且为唯一，最优解为：

$$p_3^* = \frac{2\gamma^2(\alpha - \beta)(C_m + w - \mu) + \beta\gamma^2(C_m + C_s) - \varepsilon\beta a\delta}{2\alpha - \beta\gamma^2 + \varepsilon\beta\gamma^2 - 2b\beta\delta\varepsilon}$$

$$- \frac{\dfrac{2b\delta\beta\varepsilon}{2\alpha - 2\beta + \varepsilon\beta}\big[(\alpha - \beta)(C_m + w + \mu) + \dfrac{\beta}{2}\varepsilon(C_m + C_s)\big]}{2\alpha - \beta\gamma^2 + \varepsilon\beta\gamma^2 - 2b\beta\delta\varepsilon}$$

$$g_3^* = \frac{2\gamma b(\alpha - \beta)(C_m + w + \mu) + b\gamma\beta\varepsilon(C_m + C_s) - 2\gamma a(\alpha - \beta) - \beta a\gamma\varepsilon}{2\alpha - \beta\gamma^2 + \varepsilon\beta\gamma^2 - 2b\beta\delta\varepsilon}$$

$\beta > 0$，将上式分子分母同除以 β，得：

$$g_3^* = \frac{2\gamma b\big(\dfrac{\alpha}{\beta} - 1\big)(C_m + w - \mu) + b\gamma\varepsilon(C_m + C_s) - 2\gamma a\big(\dfrac{\alpha}{\beta} - 1\big) - a\gamma\varepsilon}{2\dfrac{\alpha}{\beta} - 1\gamma^2 + \varepsilon\gamma^2 - 2b\delta\varepsilon}$$

再将 g_3^* 对 ε 求导，得：

$$\frac{\partial g_3^*}{\partial \varepsilon} = \Big(1 - \frac{\alpha}{\beta}\Big)\gamma b\frac{\alpha\gamma^2(w - \mu - C_m) + 4\delta\big[a - b(C_m + w + \mu)\big]}{\big[2\dfrac{\alpha}{\beta} - 1\gamma^2 + \varepsilon\gamma^2 - 2b\delta\varepsilon\big]^2}$$

因为 $w - \mu - C_m > 0$，且 $a - b(C_m + w - \mu) > 0$。所以当 $\varepsilon > 1$ 时，$\dfrac{\partial g_3^*}{\partial \varepsilon} < 0$，

即在绿色供应链中制造商和供应商具有相同的公平偏好下，ε 越大，对应的绿色度 g 越小；$\dfrac{\alpha}{\beta} < 1$ 时，$\dfrac{\partial g_3{}^*}{\partial \varepsilon} > 0$，即在制造商和供应商具有相同的公平偏好下，$\varepsilon$ 越大，对应的绿色度 g 越大。

同理，可证 $p_3{}^*$ 和 ε 的关系。

命题 6.7　在绿色供应链中当供应商和制造商的主体地位不同时，在公平偏好程度相等时，制造商处于主导的整体收益大于供应商处于主导的整体收益；当供应商和制造商的主体地位相等时，可以实现基于奖惩契约的绿色供应链创协决策模型的协调。

证明：绿色供应链整体利润函数 $\pi(p, g)$ 是关于产品价格 p 和产品绿色度 g 的联合凹函数，在 $\alpha = \beta$ 时，绿色供应链的整体利润最大，当 $\dfrac{\alpha}{\beta} > 1$，即 $\alpha > \beta$ 时，$\dfrac{\partial g_3{}^*}{\partial \varepsilon} < 0$，当 $\alpha < \beta$ 时，$\dfrac{\partial g_3{}^*}{\partial \varepsilon} > 0$。综合以上结论，当 $\alpha < \beta$ 时，g 和 ε 正相关，$\pi(p, g)$ 随着 g 的增大而增大，那么当 $\alpha > \beta$ 时，g 和 ε 负相关，$\pi(p, g)$ 随着 g 的增大而减小，所以 ε 和 $\pi(p, g)$ 正相关。在制造商和供应商具有相同公平偏好下，绿色供应链的整体收益随着 ε 的增加而增加，当 $\varepsilon = 1$ 时，绿色供应链整体收益最大，可以实现供应链协调。

6.4　数值仿真及管理启示

为了进一步讨论和验算模型，通过数值仿真进行数值分析，本节对供应商提供的产品绿色度大小不同的两种情况进行算例分析。

（1）当 $g > g_0$，假设生产量为市场需求，即 $q = a - bp + \gamma g$，设 $a = 550$，$\delta = 450$，$b = 10$，$\gamma = 18$，$C_m = 5$，$C_s = 15$，$\phi = 1.5$，$w = 20$。由公式（6 - 7）与（6 - 8）得 $g^* = 0.73$，$p^* = 38.15$。此时供应商利润为 1061.34，制造商利润为 2115.53，供应链的整体利润为 3176.87。进一步分析公平偏好对绿色供应链决策和利润影响，具体见表 6 - 1 与图 6 - 1。

从表 6 - 1 中可以发现，无论 $\dfrac{\alpha}{\beta} < 1$ 还是 $\dfrac{\alpha}{\beta} > 1$ 时，绿色供应链的整体利润

都未达到最优，当且仅当 $\dfrac{\alpha}{\beta}=1$ 时，绿色供应链整体利润实现最大化。$\dfrac{\alpha}{\beta}$ 越大，

公平偏好越小，制造商越自利，因此，随着 $\dfrac{\alpha}{\beta}$ 值的增加制造商利润也随之增加，

供应商利润随之减少。

表 6-1 $g > g_0$ 时制造商公平偏好程度对绿色供应链的影响

Table 6-1 Influence of manufacturer's fairness preference on green supply chain when

$\dfrac{\alpha}{\beta}$	p^*	g^*	π_s	π_m	$\pi\ (p,\ g)$
0.60	24.72	0.25	1983.29	−546.47	1436.82
0.70	32.95	0.36	1445.94	1464.71	2910.64
0.80	35.77	0.48	1254.19	1862.85	3117.04
0.90	37.23	0.60	1143.70	2023.30	3167.00
1.00	38.15	0.73	1061.34	2115.53	3176.87
1.10	38.81	0.85	989.21	2181.35	3170.57
1.20	39.31	0.98	919.43	2235.14	3154.57
1.30	39.71	1.11	847.89	2282.88	3130.77
1.40	40.06	1.24	772.14	2327.46	3099.60
1.50	40.36	1.37	690.53	2370.42	3060.95
1.60	40.63	1.50	601.90	2412.63	3014.53
1.70	40.87	1.64	505.28	2454.64	2959.92
1.80	41.10	1.78	399.88	2496.80	2896.68
1.90	41.32	1.92	284.99	2539.34	2824.34
2.00	41.52	2.06	159.95	2582.46	2742.41
2.10	41.72	2.21	24.12	2626.27	2650.39
2.20	41.91	2.36	−123.13	2670.89	2547.75

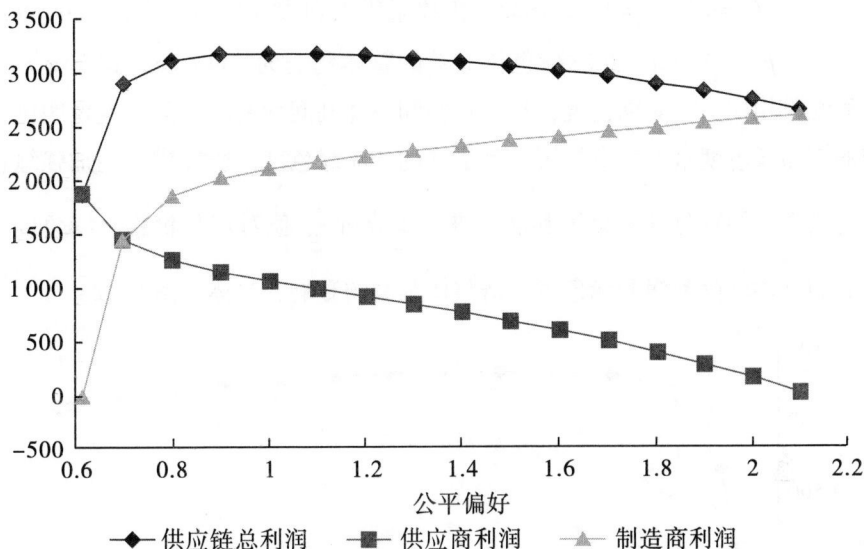

图6-1　$g > g_0$ 时供应链利润与公平偏好的关系

Fig. 6-1 Relationship between supply chain profit and fairness preference when $g > g_0$

从图6-1可以看出，当绿色供应链中制造商具有公平偏好时，产品价格、产品绿色度、制造商利润随着 $\dfrac{\alpha}{\beta}$ 值的增加而增加，供应商利润随着 $\dfrac{\alpha}{\beta}$ 值的增加而减少，当 $\dfrac{\alpha}{\beta} < 1$ 时，$\dfrac{\alpha}{\beta}$ 值越小，产品的价格和绿色度越小，制造商的利润越小，而供应商的利润反而越大，而整体利润越小，并不能实现绿色供应链的协调。当 $\dfrac{\alpha}{\beta} > 1$ 时，随着 $\dfrac{\alpha}{\beta}$ 值的增加，产品价格和绿色度也在增加，制造商利润增加，而供应商利润减少，供应链整体利润减少，也未达到供应链协调，因此，只有 $\alpha = \beta$ 时，即制造商对自身利益关注和公平关注程度相等时，绿色供应链的奖惩契约机制才能达到协调。

（2）当 $g < g_0$，由于产品绿色度低于制造商需求标准，这样会影响最终的产品绿色度。产品绿色度降低会对市场需求有一定的影响，由于产品绿色度没有达到一些消费者的预期而放弃购买，会导致市场需求减少。基于此，在 $g > g_0$ 的基础数据上将 $g < g_0$ 时的仿真数据进行稍微调整，设 $q = 500$，$\delta = 500$，$b = 10$，$\gamma =$

20，$C_m = 5$，$C_s = 15$，$\mu = 1$，$w = 20$，将数据代入到式（6 – 7）与式（6 – 8）得 $g^* = 0.63$，$p^* = 35.63$，此时绿色供应链的整体利润为 2343.75，这与 $g > g_0$ 时 的均衡结果相比，产品绿色度，产品价格和整体利润均有所下降，这说明供应商 供应的产品绿色度水平会直接影响到最终的产品绿色度，所以供应商加强绿色创 新会提高产品的绿色度和整体利润。进一步分析 $\frac{\alpha}{\beta}$ 值对产品价格、绿色度、制 造商利润、供应商利润和绿色供应链整体利润的影响，具体见图 6 – 2。

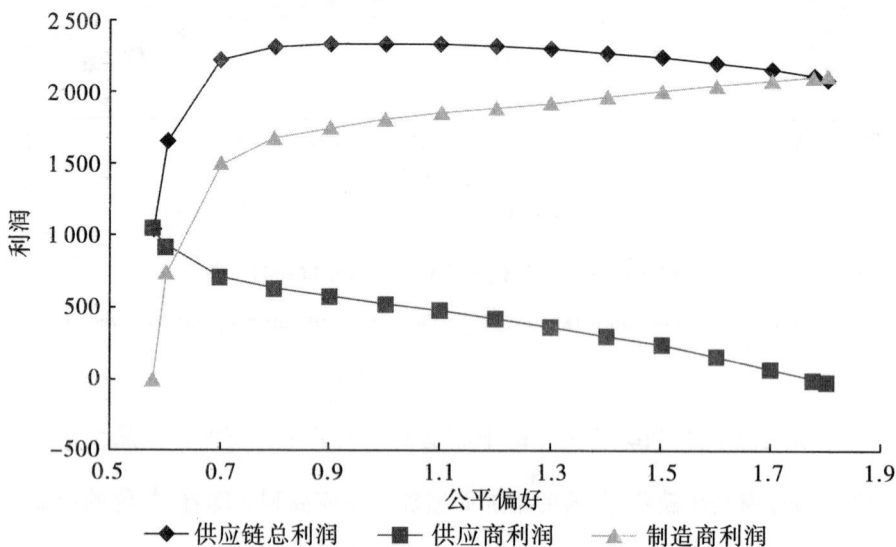

图 6 – 2　$g < g_0$ 时整体利润与的公平偏好的关系

Fig. 6 – 2　Relationship between supply chain profit and fairness preference when $g < g_0$

当绿色供应链中制造商具有公平偏好时，产品价格、产品绿色度、制造商利 润随着 $\frac{\alpha}{\beta}$ 的增大而增大，供应商利润随着 $\frac{\alpha}{\beta}$ 的增大而减小，而绿色供应链整体 利润只有在 $\frac{\alpha}{\beta} = 1$ 时为最优，在 $\frac{\alpha}{\beta} < 1$ 时，整体利润随着 $\frac{\alpha}{\beta}$ 的增大而增大，在 $\frac{\alpha}{\beta} > 1$ 时，随着 $\frac{\alpha}{\beta}$ 值的增大而减小；只有 $\alpha = \beta$ 时，即制造商对自身利益的关注 程度和对公平的关注程度相等时，绿色供应链总利润最大，奖惩契约才能使绿色 供应链达到协调。

（3）前文的数值分析是绿色供应链中的供应商和制造商渠道力量相当的情况，当渠道力量不相当时，当供应商处于强势，即 $\varepsilon < 1$ 时进行数值仿真，取 $\varepsilon = 0.3$，$\varepsilon = 0.5$，$\varepsilon = 0.7$，$\varepsilon = 0.9$，$\varepsilon = 1$，结果见图 6 - 3 与图 6 - 4。

通过图 6 - 3 与图 6 - 4 可以看出，在以供应商提供的产品绿色度为奖惩标准的契约中，产品绿色度会随制造商的公平偏好程度的减小而增大，也就是说绿色供应链中制造商越重视自身利益，产品的绿色度越能够得到提高，从而产品的销售价格也会得到提升。在稳定生产量的情况下，制造商的利润也会得到提高，产品绿色度的提高需要供应商实施绿色创新，需要创新投入，从而使供应商的成本增加，使供应商的利润下降，由于绿色创新成本的增加，从而导致绿色供应链的整体利润下降。

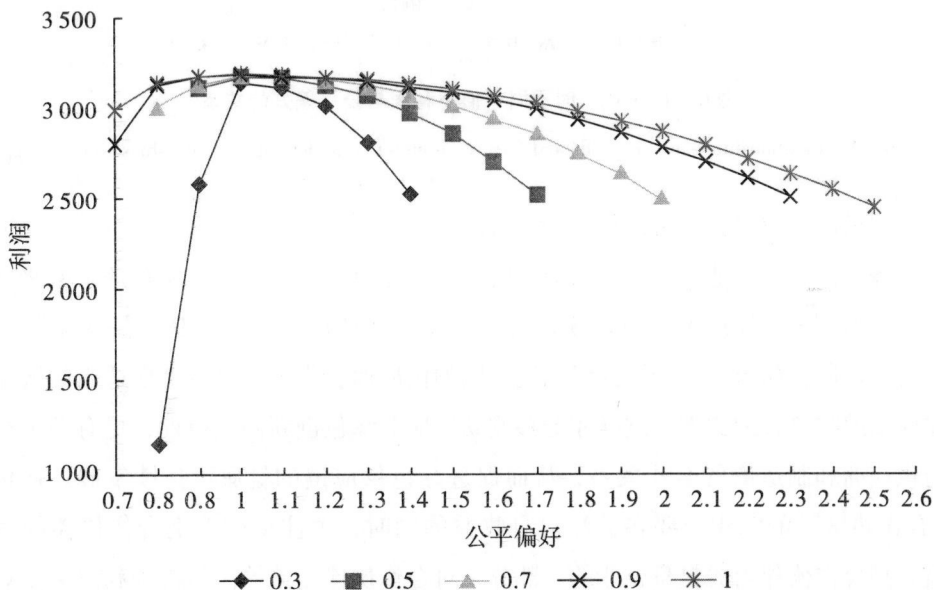

图 6 - 3　$g > g_0$ 时不同 ε 值下利润与的公平偏好的关系

Fig. 6 - 3　Relationship between profit and fairness preference under different ε values when $g > g_0$

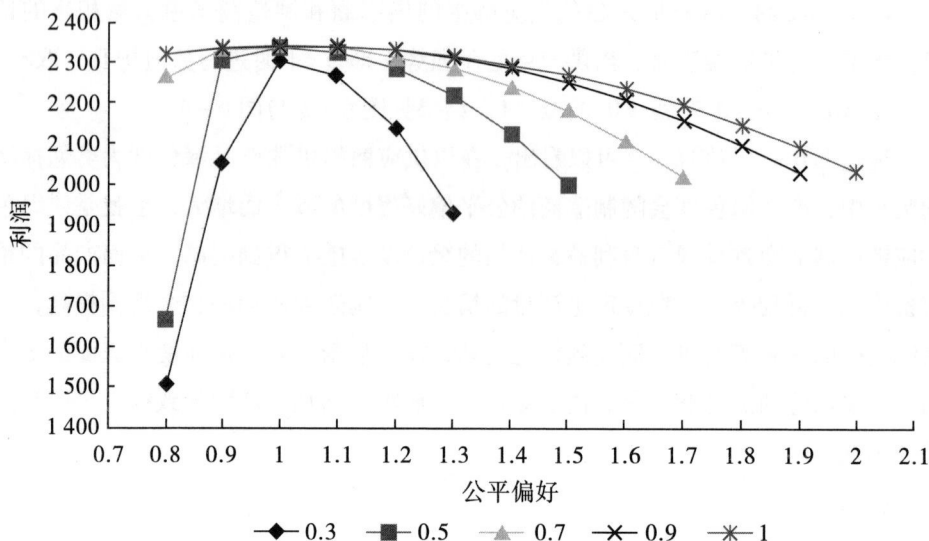

图 6 - 4　$g < g_0$ 时不同 ε 值下利润与公平偏好的关系

Fig. 6 - 4　Relationship between profit and fairness preference under different ε values when $g < g_0$

通过以上数值分析可以得出如下管理启示：

绿色供应链制造商对供应商提供的产品有绿色需求时，在合作初期采取奖惩契约能够促进供应商的绿色创新，通过合理的奖惩机制能够抑制"搭便车"投机行为。制造商与具有公平偏好强度不同的供应商合作时，可以考虑适当的增加供应商的收益分配比例，这样才能够调动供应商绿色创新的积极性，更有利于稳定供应商和制造商的合作关系，从而促进绿色供应链的健康可持续发展。强化"合作共赢"的意识，要在关注自身收益的同时，关注供应链上合作伙伴的利益，把合作伙伴当成自身企业的一部分，对合作伙伴利益关注与自身利益关注对等时，才能使"双赢"最大化。

6.5　本章小结

本章在前文研究的基础上引入了公平偏好和供应链内部的奖惩契约，构建了基于"ERC"公平偏好模型的绿色供应链创新投入决策模型，分析了在供应商提供的产品绿色度标准大于和小于制造商需求的标准时，制造商公平偏好程度对产品绿色度、产品价格、制造商利润、供应商利润和整体利润的影响；然后分析了制造商和供应商渠道力量的差异对绿色供应链的整体利润的影响，分析了协调条件；最后通过数值算例进行了验证。得出的主要结论如下：（1）在绿色供应链中当制造商具有公平偏好时，绿色供应链奖惩契约协调与公平偏好程度相关，当对公平的关注程等于对自身利益的关注程度时，均衡结果能够实现对绿色供应链内部奖惩契约的协调。（2）绿色供应链奖惩契约的协调与成员企业的渠道力量无关，而渠道力量相当最有利于实现绿色供应链整体利润最大化，渠道力量相差越悬殊越不利于绿色供应链发展，只有当双方渠道力量相当时，才能够使绿色供应链整体利润达到最大值。

《 **第7章** 》
实证研究

新能源汽车供应链是绿色供应链的典型代表，本章对某品牌新能源汽车企业和某离子动力电池企业的供应链进行实证研究。通过本章分析能够为新能源汽车供应链绿色创新策略制定提供决策支持。由于涉及商业机密，本章内容中用企业A代替新能源汽车企业和企业B代替动力电池企业。企业A与企业B构成的新能源汽车动力电池供应链简称为AB绿色供应链。

7.1 新能源汽车产业及其动力电池供应链发展概况

随着经济的不断发展，人们的生活水平不断提高，我国城镇化率也在不断提高，汽车普及化率不断加快。我国已成为当今世界上最大的汽车产销国，传统的燃油汽车给城市带来了空气污染，我国新能源汽车企业也迎来了空前的机遇与挑战。自2020年后，新能源汽车进入了一个快速发展阶段。传统的燃油汽车是碳排放的主要来源之一，新能源汽车能够降低石化能源的消耗，降低碳排放有利于环境保护。从图7-1中可以看出，在2020年新能源汽车全世界的销量超过312万辆，比2019年增长了41.4%，新能源汽车渗透率为4.24%。世界各个国家相继出台了补贴策略推动新能源汽车发展。2020年，中国和欧洲是世界新能源汽车销量最多的两个经济体，都在135万辆以上。美国在拜登政府成立后也加大力度支持发展新能源汽车产业，可以说全世界新能源汽车产业将迎来新的发展机遇，未来的新能源汽车市场需求强劲。

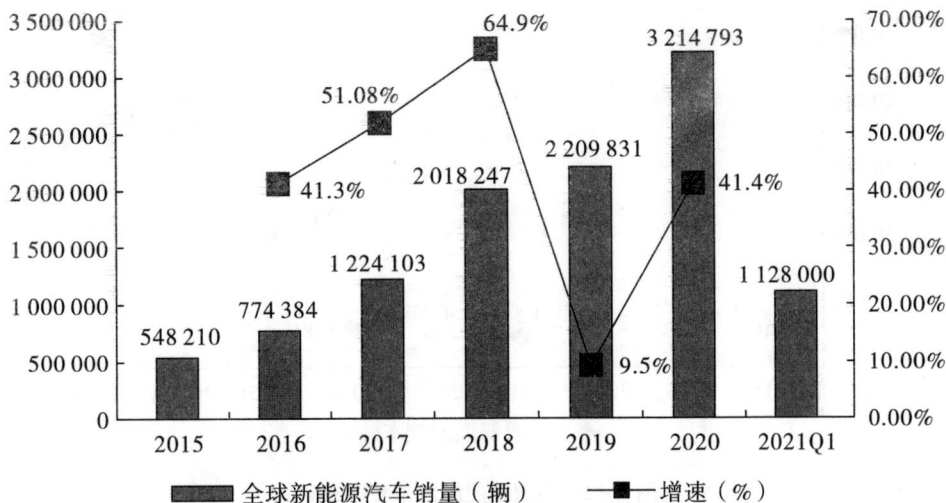

图 7 - 1　全球新能源汽车增速

Fig. 7 - 1　Growth rate of new energy vehicles in the world

全球新能源汽车产业的潜在空间巨大。从全球范围看，在 2020 年汽车销量比 2019 年下降了 13%，而新能源汽车的销量却逆势上涨了 49.8%。我国对新能源汽车的发展一直非常重视，2020 年 10 月，中国正式发布了《新能源汽车产业发展规划（2021－2035 年）》，下文简称规划，该规划显示：到 2025 年我国的新能源汽车渗透率应该能够达到 20%，2030 年渗透率要达到 40%，具体见图 7－2。到 2050 年，新能源汽车将成为汽车生产与消费的主流，销量应该达到 50% 以上。新能源汽车产业前景光明，对新能源汽车企业来说迎来了巨大的机遇和挑战。

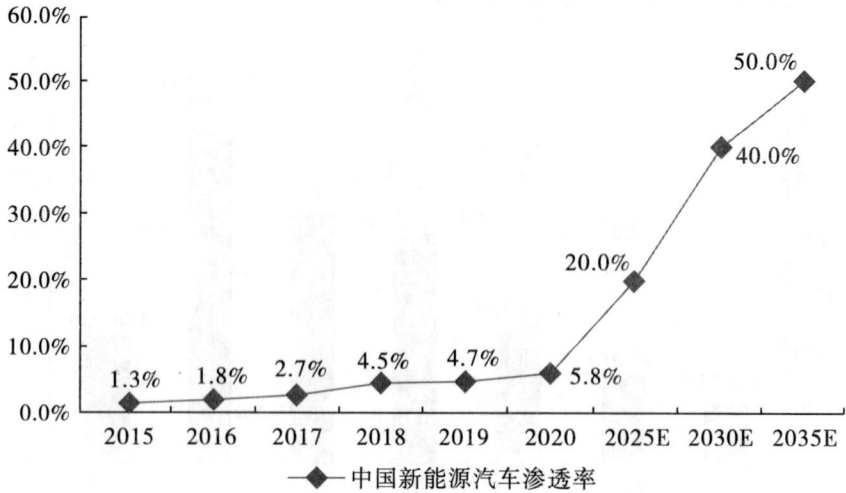

图 7 - 2　中国新能源汽车新渗透率

Fig. 7 - 2　New penetration rate of new energy vehicles in China

规划指出，预计2035年纯电动乘用车新车平均电耗降至12.0kW·h/100km，现在市场上大多数电动乘用车的耗电量为15 - 20kW·h/100km。这需要大幅提高现在新能源汽车动力电池的技术水平，这对于新能源汽车企业来说也是一个巨大的挑战，需要在未来这十几年中要加大动力电池的研发和创新投入力度，提升动力电池的技术创新能力，提高关键技术的供给能力，争取早日达到国家预计的技术要求。

虽然国家大力支持发展新能源汽车产业，但是随着产业进入了快速发展阶段，政府补贴政策逐渐退坡，2019年政府补贴退坡达50%以上，2020年退坡10%，2021年退坡20%，2022年退坡30%，具体见图7 - 3。政府在补贴政策下调的同时，更新了双积分政策，新能源汽车的双积分压力加大。2017年9月，工信部等联合发布了双积分政策，2020年6月对该政策进行了修订。双积分政策通过设计新能源汽车积分计算方式，愈加严苛的政策是为了引导企业增加对新能源汽车的创新投入，加速新能源汽车发展进程，国家对新能源汽车的补贴和规制政策，都是为了助推新能源汽车的发展。

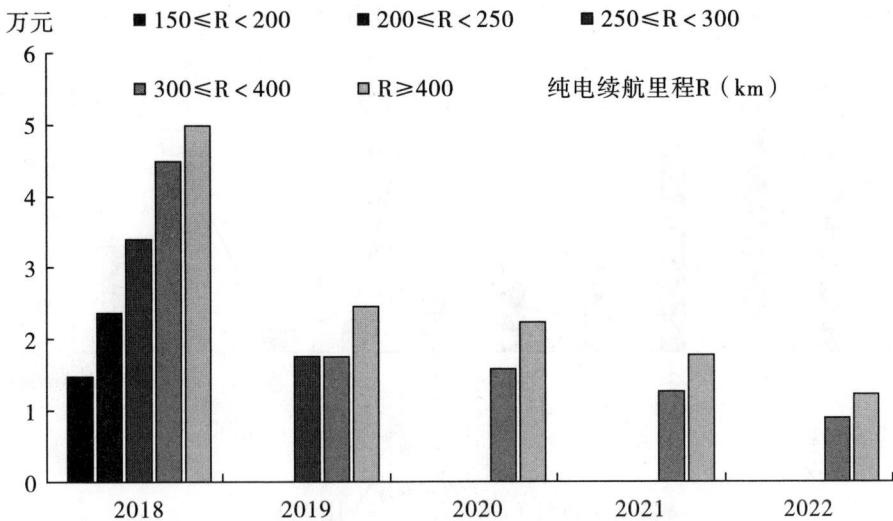

图7-3 中国新能源汽车补贴额度变化情况

Fig. 7-3 Changes of new energy vehicle subsidy in China

动力电池是新能源汽车动力系统的重要的零部件,虽然在2020年受到政府补贴退坡和新冠疫情的影响,全国动力电池装机量仍然实现了增长,比2019年增加了2%,达到63.43GW·h,随着动力电池技术的发展动力电池成本不断下降。到2019年,在行业内领先的企业已经从2014年每W·h的2.7元降低到低于1元,降价幅度超过60%,到2021年价格继续下降,磷酸铁锂电池每W·h低于0.6元。随着新能源汽车未来市场不断壮大,动力电池的需求也将随之高速增长,预计2025年动力电池市场空间可望超过1TW·h。

2020年全球新能源汽车动力电池装机量稳步提升,其中处于领先地位的是我国的宁德时代和韩国的LG化学,具体见图7-4。各个新能源汽车动力电池龙头企业为了抢占市场、节约成本在各个新能源汽车消费大国建厂,尤其在欧洲、中国、北美布局扩展市场版图,这使新能源汽车动力电池供应链的本地化率不断提高,这有利于节省物流成本。对于新能源汽车的供应商更倾向于通过双方甚至多方深度合作,深度合作的创新不仅能够使其共同分担创新成本,也有利于开发专属的解决方案,更有利于获得产品性能优势,从而有助于获得更好的整车议价权。如宝马汽与电动汽车固态电池制造商Solid Power深度合作,针对宝马高性能电动汽车的要求量身设计解决方案,在降低动力电池系统成本的同时确保电池的

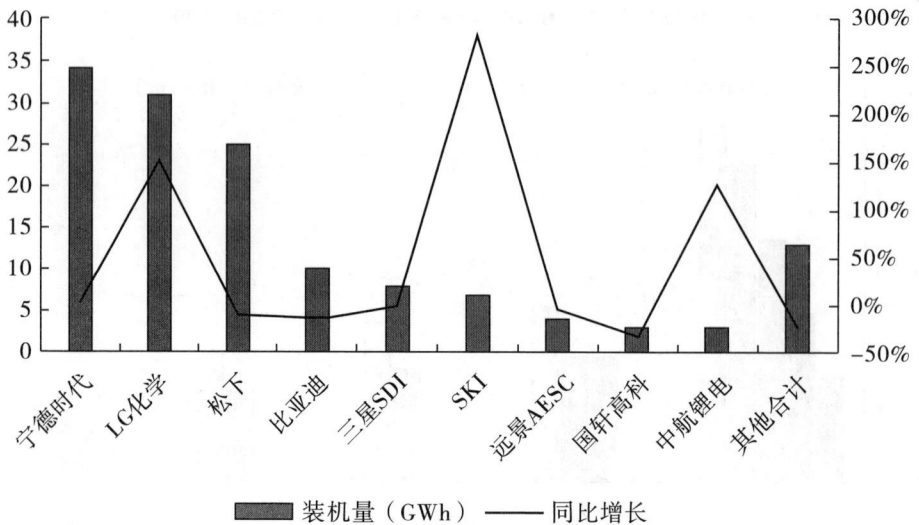

图 7 - 4 新能源汽车动力电池主要供应商装机量

Fig. 7 - 4 Installed capacity of main suppliers of power batteries for new energy vehicles

安全运行；博世与 Powercell 通过技术授权实现深度合作，共同开发一种燃料电池，并实现了量产，为双方赢得了价值数十亿欧元市场份额。

新能源系统是区别于传统燃油汽车的关键，新能源汽车供应链上游未来的增量主要由电机、电控、电池的三电系统构成，供应链中游主要是围绕着新能源汽车的制造和销售展开，供应链下游主要围绕车后服务展开。通过图 7 - 4 可以发现，动力电池行业集中度高，出现寡头格局，而且集中度在不断的攀升，Top10 企业的 2020 年市场占有率超 95%。其中，领头企业宁德时代的市场占有率接近 35%。未来，随着新能源汽车市场的进一步扩大，动力电池市场也将迎来前所未有的发展，动力电池企业的市场占有率越大，单位产品成本越低，企业的规模效应将会更加显著。动力电池企业的发展由车企带动效应巨大，如中航锂电进入广汽和长安汽车动力电池供应链体系后，其产品市场占有率逐年攀升，由大车企带动效应明显。新能源汽车制造企业的采购战略对动力电池供应链影响巨大，随着新能源汽车产业发展愈发成熟，许多新能源汽车制造商在三电领域开始转向自主创新或合作创新，目的是加强制造商对生产成本和安全性的掌控。如 2018 年国内多家新能源汽车企业与宁德时代以合资的形式生产动力电池，还有 2020 年比亚迪与丰田汽车合资开展电动汽车的研发。

新能源汽车供应链发展趋势是通过自主创新和合作创新实现垂直整合，通过自主创新摆脱对上游供应商的依赖，从而形成技术优势和产品竞争力。供应链的竞争边界会逐渐模糊，一方面新能源汽车制造企业通过自主创新或合资合作来整合供应链；另一方面，由于新能源汽车的发展变化，会使供应商竞争加剧，促使行业竞争水平提高。例如新能源汽车未来发展需要的电驱动集成化，这就会使电驱动零部件供应商都想成为集成方，电驱动集成化也将加大创新投入成本和创新难度。我国新能源汽车供应链的发展要在挑战中寻求机遇，通过加大力度自主创新和合作创新突破一些"卡脖子"技术，如在新能源汽车快速渗透的自动驾驶技术中的电子电气架构与软件算法、中央计算芯片、功率半导体等关键技术。新能源汽车动力电池技术提升是一个必然趋势，这样会使处于尾部的动力电池供应商的生存压力倍增。

7.2　实证背景介绍

7.2.1　新能源汽车企业 A 发展背景

企业 A 创立于 2014 年，企业 A 成立之初是一家从事新能源汽车产业研发、生产的企业，企业 A 坚持以解决社会问题为导向，以技术创新为驱动，多年来一直加大研发力度，研发营收比一直在 10% 以上。2020 年全年营收 162.58 亿元，整车毛利率达 12.7%，研发投入为 24.9 亿元，研发营收比为 15.32%，2021 年全年研发投入 50 亿，截至 2020 年末已经累计获得专利 1100 余项，处于行业领先水平。企业 A 通过技术创新和不断的优化升级全产业链，发展绿色产业，努力使人们摆脱环境污染的困扰。通过生产新能源汽车，摆脱对不可再生的化石能源的依赖，加快行业清洁能源的利用，助力社会的可持续发展，希望人们都能够享受到绿色、低碳、智能、经济的生活。

企业 A 坚持技术创新，具有高度的社会责任感。2020 年全球新冠病毒肺炎的爆发传播，全球经济都受到影响，经济下行的压力显著增加，在这种情况下，企业 A 仍能够将坚持本心，不忘初衷，持续加强创新投入，积极响应我国 2030 碳达峰目标，积极推动《巴黎协定》的有效实施。在绿色创新方面积极开展企业碳中和规划研究，倡导体验绿色的生活方式，探索新能源汽车行业的碳足迹标准。在供应链管理方面，积极推动绿色采购、绿色生产、绿色运营、绿色物流。如今企业 A 致力于新能源事业，用创新科技、绿色科技引领环境保护事业，给人们带来绿水青山的美丽世界。企业 A 以最大限度地满足社会对绿色低碳生活的需求，不断用智能、绿色、经济的产品，满足人们对"绿色"生活的向往，通过产业的持续发展，助力社会的可持续发展。2020 年企业 A 新能源汽车销售 4.37 万辆，占全国新能源汽车销量的 3.2%。截至 2021 年 9 月，企业 A 新能源汽车已经累计减少二氧化碳的排放量约为 18.42 万吨，对我国生态环境的保护有着积极的影响。

7.2.2　动力电池企业 B 发展背景

企业 B 成立于 2011 年，是一家主要从事动力电池的研发与生产的企业，近年来，企业 B 增加了电池产品梯次利用及回收业务，提供动力电池的全生命周期服务，形成了闭环的绿色产业链。企业 B 高管大多在电池领域深耕多年，对新能源行业理解深刻，始终坚持以技术创新作为核心竞争力，其锂离子电池技术达到了国际先进水平。B 企公司紧跟国家绿色发展政策导向，率先研发生产三元锂电池。管理层具有长远的战略目标，构建了完善的"研发 + 生产 + 回收"产业体系，取得了竞争优势。2016 年企业 B 在初具规模后迅速扩张，到 2020 年其营收复合增速达到了 35.6%，在未来发展趋势下，是一个迅速成长并有着巨大发展空间的企业。受到疫情的冲击，汽车整体市场需求在 2020 年上半年有所下滑，随着我国疫情趋于稳定，下半年市场回暖，企业 B 业绩迅速恢复，营收与净利润的增速由负转正。2021 年，我国疫情控制良好，各行各业都逐渐回暖，新能源汽车行业受疫情影响减弱和动力电池的持续高景气，由于叠加延迟需求释放以及低基数因素，企业 B 营业收入与 2020 年相比大幅增加 60% 以上。

在 2020 年，企业 B 的动力电池销量具体见图 7 - 5。

GWh ▢ 产能 ▨ 产量 ■ 销量 ●— 产能利用率 ▲— 产销率

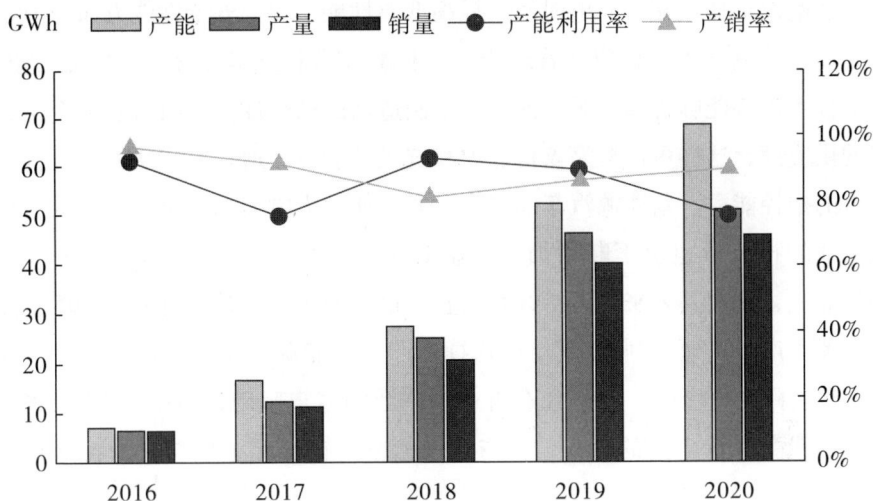

图 7 – 5　2020 年企业 B 电池销量

Fig. 7 – 5　B company's battery sales in 2020

动力电池系统销量为 44.45GW·h，实现营收 394.26 亿元，在疫情影响下仍然实现了增长 2.18%。其储能电池系统销量大幅增加，达到 2.39GW·h，营收同比增长高达 218.52%，达到了 19.43 亿元，其动力电池系统装车量为 34GW·h。企业 B 供应链合理布局、有着良好的费用管控能力。随着技术的进步和规模效应的影响，在 2020 年将动力电池系统成本降低到每 W·h 价格 0.65 元，在同类产品中具有大幅的价格优势，降价销售仍然实现了 26.56% 的毛利率，通过深化与上游供应链合作仍然有降低成本的空间。在动力电池系统业务上大多数的企业营收增长速度较慢，而企业 B 凭借技术和成本优势已经处于领先水平，拥有较强的定价权，具有可持续的竞争优势。

创新是企业 B 的核心竞争力，企业 B 高度重视技术创新，尤其在新产品研发和技术工艺改进方面，2020 年研发费用支出 35.69 亿元，研发营收比一直维持在 7% 左右。致力于研发性能先进的汽车动力电池系统，通过不断地创新提升动力电池系统的性能和质量，保持企业在动力电池行业中的竞争力，到 2020 年底，公司拥有研发人员 5500 余名，企业以自主研发为主，合作研发为辅，企业已经拥有 3300 余项专利，可见企业 B 仍将长期保持竞争优势。未来企业将在提高动力电池性能上加大创新投入，目的是不断改善电池性能，主要需要在增加续航里程、增加电池寿命、减少充电时间、提高低温性能、提高安全性能方面努力。

企业 B 有着优秀的供应链管理能力，有着技术和成本优势，议价能力较强，企业的技术优势能够提高下游新能源汽车制造商的依赖度，同时有着多个电池原材料的供应商，这样可以提高议价能力和抗风险能力，通过自主研发来提高对中间环节的把控能力。新能源汽车的未来发展会使动力电池的市场持续扩大，同时未来电池的报废量也会不断增加，企业 B 率先布局"生产—梯次利用—回收"闭环产业链，这对其未来的可持续发展有着重要的影响。2021 年投资 105 亿用于动力电池生产线扩建，到 2023 年将陆续达产，新能源汽车的迅速发展将使企业 B 进入产能释放高峰期。企业 B 有着业内广泛的客户基础，与国内 10 余家新能源汽车制造商有着广泛的合作，合作关系紧密，在国际上成功成为特斯拉的供应商。

7.3 AB 绿色供应链实证分析

7.3.1 AB 绿色供应链创新投入分析

企业 B 一直是企业 A 的动力电池供应商，二者长期保持着良好的合作关系，在动力电池的创新方面也一直有着协作。在 2020 年企业 A 与企业 B 达成了汽车动力电池的新的合作模式，共同出资成立了动力电池资产管理公司，目的是共同打造新能源汽车"车电分离"的全新模式，这对 AB 绿色供应链合作创新具有里程碑意义，这也是新能源汽车"车电分离"新商业模式的一个典型案例。该模式能够有效的降低消费者的购车成本和对动力电池充电问题的烦恼，通过企业 A 与企业 B"车电分离"的合作创新为消费者在新能源汽车全生命周期内提供更完善、更绿色的服务。这种模式是一种服务创新，也是一种绿色创新，能够进一步提高新能源汽车的竞争力，提升新能源汽车的服务水平。模式的推广能够打造一种全新的绿色能源生态网络，对加速我国新能源汽车发展有着重要意义。

企业 A 的产能是每年 10 万辆，在 2019 年实现销售新能源汽车 20，565 辆，销售额 73.67 亿，平均每辆价格为 35.8 万元，平均每辆车的制造成本为 28.2 万，其中动力电池一直都由企业 B 提供，成本约为 5 万元每辆，毛利率约为 21%，则电池的售价约为 6 万元，所有车型都获得政府补贴，政府补贴额平均每辆为 1.9 万元，销售支出为 20.48 亿元，平均每销售 1 辆汽车支出 4.69 万元。2020 年实现销售新能源汽车 43，728 辆，销售额 151.83 亿元，平均每辆价格为 34.7 万元。企业 A 目前的新能源汽车定价策略是不降价，不降价策略将使其毛利率快速稳步增长，整车销售毛利率和综合毛利率皆达到了 17.2%。

企业 B 牢牢把握"高比能、长寿命、超快充、真安全、自控温"五大动力电池核心竞争力，通过创新实现生产成本降低、动力电池质量和性能得到提高。企业 B 在 2019 年研发投入为 29.92 亿，营业收入为 455.46 亿元，2020 年研发投入 35.69 亿，营业收入为 503.19 亿元。2020 年 AB 绿色供应链上企业 B 供给企业 A 的动力电池量约为 4.5 万节，单位成本约为 3.5 万元，单价约为 5 万元，实现对企业 A 销售的毛利润为 6.75 亿元。相当于每投入 1 元的研发费用可在企业 A 获得约为 0.19 元利润。

2019 年与 2020 年全国乘用汽车销量为分别为 2069.7 万辆和 2017.8 万辆，基本稳定在 2000 万辆，随着新能源汽车需求的增加，预测 2022 年新能源汽车需求量为 280 万辆。企业 A 新能源汽车销量占全国新能源汽车销量的 3.2%，假设企业 A 的市场占有率不变，则企业 A 的新能源汽车在 2022 年的市场需求量约为 89600 辆。企业 A 在 2019 年生产的电动汽车每百公里能耗为 14KW·h，这里根据苌瑞锋的研究[153]，其碳排放约是相同车型的燃油汽车的 60%，处于新能源汽车节能减排的领先地位。2020 年企业 A 获得政府补贴额为 6 亿，单位产品平均补贴约为 1.37 万，则按创新投入补贴的政府补系数约为 0.24。

实证数据处理方法参考 Gu[154]的新能源汽车的案例研究以及龚本刚[155]关于汽车动力电池回收策略的研究，应用其标准化处理过程，获得新能源汽车的生产、销售等相关参数，其中 $a=1$，$c=0.4$，$b=0.5$，$\gamma=0.3$，$\delta=0.24$，$\tau=0.2$，$\theta=0.3$，$s=0.12$。

绿色创新主体为动力电池供应商企业 B，在非合作创新模式下，企业 A 与 B 从自身利益最大化出发，则可以应用 3.2.2 节的非合作下的供应链创新决策模型，得到均衡结果见表 7-1 第一行。若创新主体为新能源汽车制造企业 A，应用 3.2.3 节的决策模型，则均衡结果见表 7-1 第二、三行。同样可以应用第四章的基于成本分担的合作创新决策模型和集中决策模型求出均衡结果，具体见表 7-1 的第四、第五行。

表 7 – 1　不同决策模型下 AB 绿色供应链的均衡结果

Table 7 – 1　Equilibrium results of AB supply chain under different decision models

决策模型	产品绿色度 (g)	供应价格 (w)	产品价格 (p)	制造商利润 (π_m)	供应商利润 (π_s)	总利润 (π_z)	创新投入
企业 B 实施绿色创新	0.615	1.385	1.877	0.134	0.197	0.331	0.045
企业 A 实施绿色创新（不变价格供货）	1.449	1.2	2.035	0.167	0.334	0.501	0.252
企业 A 实施绿色创新（可变价格供货）	0.939	1.480	2.023	0.070	0.293	0.363	0.106
分担成本合作绿色创新	1.709	1.713	2.369	0.131	0.263	0.394	0.350
集中决策绿色创新	2.899	—	2.070	—	—	0.668	1.008

通过对 AB 绿色供应链的均衡结果发现，若不考虑企业 A 的销售努力，当与企业 B 签订的是不变价格供应合同时，则企业 A 有创新的动力，若为可变价格合同，则企业 A 不会实施创新，这时合作创新是 AB 绿色供应链的最优选择。此时的创新投入为 0.350，供应价格为 1.713，产品价格为 2.369。通过 3.2 节可知在 AB 绿色供应链无创新投入时供应价格应为 1.2。2020 年企业 B 提供给企业 A 的动力电池生产成本约为 3.5 万元，供应价格约为 5 万元，假设 2022 年生产成本不变，不考虑销售成本和创新成本，则企业 A 与企业 B 构成的新能源汽车动力电池供应链合作绿色创新下，最优单位毛利润为：

$$2.369 \div 1.2 \times 50000 - 35000 \approx 6.37 \text{（万元）}$$

则不考虑销售成本下单位产品创新投入为：

$$0.350 \div (0.394 + 0.350) \times 6.37 \approx 3.00 \text{（万元）}$$

假设 2022 年企业 A 新能源汽车市场占有率不变，则 2022 年供应链整体创新投入约为：

$$3.00 \times 89600 = 26.88 \text{（亿元）}$$

若政府的补贴系数不变,则政府补贴额度应为:

$$26.88 \times 0.24 \approx 6.45 \text{（亿元）}$$

单位补贴额度约为:

$$3.00 \times 0.24 = 0.72 \text{（亿元）}$$

新能源汽车企业 A 在 2020 年销售投入约为 15 亿,其中广告费用约为 6.8 亿,比上一年增加了 16%,近几年,企业 A 在产品推广和销售投入上一直增加投资,这种销售努力明显提高了新能源汽车销量,这也为动力电池企业 B 带来了"搭便车"效应。所以,在 AB 绿色供应链的创新投入决策问题上需要考虑企业 A 的销售努力,通过第五章的绿色供应链创新投入决策模型可计算出不同主导模式下的均衡结果,均衡结果见表 7 - 2。

表 7 - 2　不同主导模式下 AB 绿色供应链创新投入决策均衡结果

Table 7 - 2　Equilibrium result of AB supply chain innovation investment decision under different dominant modes

决策模型	产品绿色度 (g)	供应价格 (w)	产品价格 (p)	企业 A 销售努力水平 (e)	销售投入	制造商利润 (π_m)	供应商利润 (π_s)	总利润 (π_z)	创新投入
企业 B 主导	0.768	1.490	1.985	1.779	0.316	0.167	0.264	0.431	0.071
企业 A 主导	0.945	1.156	1.981	1.613	0.266	0.325	0.179	0.504	0.107

通过表 7 - 2 可以发现,在企业 A 主导模式下供应链整体利润最大,此时的创新投入应为 0.107,则 2022 年企业 B 单位产品创新投入为:

$$0.107 \div (0.107 + 0.179) \times (1.156 \div 1.2 \times 50000 - 35000) \approx 4926 \text{（元）}$$

企业 A 市场占有率不变的情况下,企业 B 在 AB 绿色供应链上最优的创新投入约为:

$$4926 \times 89600 \approx 4.41 \text{（亿元）}$$

从表 7 - 2 可以看出,企业 A 主导模式下的产品绿色度和供应链整体利润最优,消费者绿色福利方面,企业 A 主导模式下的绿色度价格比为 0.477,要优于企业 B 主导下的 0.387。因此,对于新能源汽车 AB 绿色供应链来说,最优策略应是在企业 A 主导模式下，但企业 B 在自身主导模式下的利润更高。

为了促进 AB 绿色供应链的合作，要保证企业 B 的利润不低于其自身主导模式下的利润，需要对表 7-2 的结果进行协调，通过 5.4.2 节的制造商主导模式下的协调模型可以得出企业 A 主导模式下的协调条件见式（7-1）。

$$\begin{cases} 0 \leq x_1 \leq 1 \\ 0 \leq x_2 \leq 1 \\ 0 \leq y_2 \leq 1 \\ 3.312 \leq 4.004x^2 - y_2 \leq 3.556 \end{cases} \quad (7-1)$$

以上分析没有考虑制造商生产成本和其它成本，同时随着企业的绿色创新会降低产品的生产成本，也可能会增加市场占有率，还有新能源汽车动力电池供应链间的竞争一直存在，所以研究有着一定的局限性，研究结果仅为 AB 绿色供应链的创新投入提供参考。

在实际操作中，AB 绿色供应链的创新主体为新能源汽车动力电池企业 B，显然在非合作模式下无论是产品绿色度还是供应链整体利润都是最低的，而在分担成本合作创新模式下的绿色度和整体利润都要好于非合作模式，对于新能源汽车企业 A 来说分担动力电池企业 B 的创新投入成本会使其利润略有下降，但是由于产品绿色度和销量提升会给企业带来品牌影响力等无形利益的提高，从长远来看，合作创新能给企业 A 带来不可估量的价值。所以新能源汽车企业 A 要加强与动力电池企业 B 的合作创新，要在遵循合作共赢、风险共担、兼顾公平与效率、相互协商等原则，在不断的合作与协商中寻找最有利于提升双方利润的合作方式。

7.3.2 促进 AB 绿色供应链创新投入的对策建议

由于新能源汽车良好的市场前景，所以企业 A 与企业 B 通过加强合作绿色创新是实现双赢的最佳选择。下面从供应链企业角度、消费者角度、政府角度三个方面给出新能源汽车绿色创新的对策和建议。

（1）供应链企业角度

通过上述分析发现在 2022 年 AB 绿色供应链合作创新投入最佳为 26.88 亿，在 2021 年 AB 绿色供应链合作创新投入为 12.5 亿，所以对于 AB 绿色供应链来说要持续加大合作创新投入力度。通过创新提高新能源汽车的安全性、可靠性和经济性，使消费者越来越青睐企业 A 的新能源汽车，扩大市场占有率。企业 A 与企业 B 应继续加强新能源汽车动力电池的性能提高对环境绩效的重要性的认识，继续提高环保意识，通过创新提高环保技术，促进动力电池性能和生产工艺流程的改进。在产品设计和流程设计中，要继续加强应用低能耗的材料，使产品更加"绿色"，同时要提高产品的可回收性和可循环应用性。加强标准化生产和质量检测检验，生产出外观更美、性能更好、附加值更高的新能源汽车。依据消费者对新能源汽车的需求，重要解决安全性和可靠性问题，这也是未来创新的一个重点，要加强与消费者的沟通，通过消费者的诉求，推动 AB 绿色供应链内部绿色创新。"产学研"合作绿色创新方式是实现 AB 绿色供应链动力电池绿色创新的一个有效途径，要加强与高校、科研院所、以及其它竞争企业的合作，这有利于突破现在的技术瓶颈，这更有利于我国新能源汽车的领先发展。随着新能源市场的需求增加，A 新能源汽车企业的订单数量也在不断增加，动力电池的需求量也会随之增加，人财物都有限的企业 A 与企业 B 应更倾向于选择合作绿色创新来开发新的动力电池系统，不断增加创新投入以共同改善动力电池的生产工艺，使其一致性和安全性更高、单体容量更大。

受我国传统产业长期以来"重生产，轻流通"的影响，企业 A 在生产研发上投入巨大，2021 年与投入 50 亿在生产研发上，但在销售方面投入不足 20 亿，销售投入不足导致产品推广不足，销售量达不到预期，导致销售毛利不足以弥补创新投入。为增加销量需要加大产品宣传力度，在宣传产品时应该制作实质性的节能减排、使用经济的新能源汽车广告，这样才能更有利于引导消费者的绿色消费行为。企业 A 要加强新能源汽车配套设施的建设，尤其是充电桩的建设，良好的配套设施能够提升消费者的购买意愿。通过表 7 - 2 可知，在不同主导模式下 AB 绿色供应链的最优创新投入决策应为企业 A 主导，也就是说在新能源汽车动力电池创新投入上，制造商主导会更有利于新能源汽车的发展。动力电池的技术突破是推动新能源汽车发展的关键，因此企业 A 与企业 B 强化"合作共赢"意识，共同研发动力电池，才会更有利于提高竞争力。企业 A 与 B 要加强战略合作，要认识到合作才是最优的选择，要杜绝以自身利益最大化而采取零和博弈策略。

在 2020 年上半年受新冠疫情影响，新能源汽车销量明显有所下滑，为了应对供应链的风险，企业应该积极推动改革，打造更具有韧性和抗风险性的供应链。作为供应链的领先企业要加强引领作用，带动整个产业的发展，强企带动弱企，强链带到弱链，要进一步对原有领先的技术进一步加大创新投入，争取早日推出下一代技术的新能源汽车，确保领先优势和可持续发展，在供应链上可以通过合资、合作的方式促进供应链的系统，为弱企赋能，实现双赢的目的。企业 A 与企业 B 可以通过合资的方式建立动力电池资产管理公司、电池研发中心等促进双方的合作创新，不断对新能源汽车动力电池的改进和优化，提升 AB 绿色供应链的竞争力，达到行业内领先水平。

（2）消费者角度

从消费者角度来说，消费者希望以较低的价格购买到绿色度高的绿色产品，通过前文分析发现，在企业 A 主导模式下和企业 B 主导模式下的产品价格几乎相等，在企业 A 主导模式下产品的绿色度更高，因此，从消费者角度来看，更希望由企业 A 主导。对于新能源汽车来说，消费者主要是在考虑绿色节能的同时，更注重新能源汽车的经济性和安全可靠性，因此有必要通过对消费者的舆情分析，寻找出新能源汽车绿色创新的重点。通过消费者舆情分析发现，对于企业 A 的新能源汽车评价以正面评价为主，且整体舆情向好。在汽车使用中的经济性、外观和舒适性方面获得用户认可，消费者对企业 A 新能源汽车的安全性、可靠性和内饰认可度需要进一步提升，具体见图 7 − 6。

对于新能源汽车而言，使用的经济性和驾驶舒适性是其天然优势，新能源汽车的使用和维护成本与燃油汽车相比较低，这也是新能源汽车吸引消费者的重要卖点。消费者对安全性和可靠性关注度较高，但电动车的安全事件的频繁曝光，安全事件中有很大一部分是电动汽车电池自燃事件，这些负面的舆情对潜在消费者选择企业 A 的新能源汽车时有所担忧，从而会影响到消费者的购买行为。对于当前的新能源汽车产业属于发展阶段，所以安全性和可靠性仍然是消费者的需求痛点。

正向舆情对消费者的新能源汽车的购买行为有着重要的影响，有利于消费者做出选择。企业 A 应该关注消费者对安全性和可靠性的需求，要不断地提高新能源汽车的安全性和可靠性。消费者购买新能源汽车是希望通过节能减排，从而降低汽车使用成本，所以企业 A 仍需要进一步提高能源技术的创新。企业 A 只有聚焦消费者需求正向研发，生产出更安全、更可靠、更绿色的产品才能提高消费

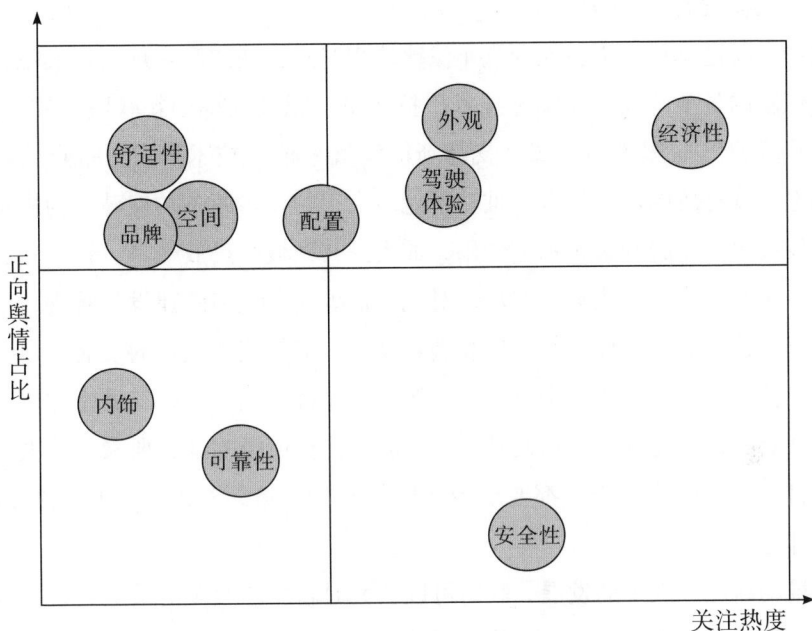

图 7-6 企业 A 新能源汽车消费者正向舆情图

Fig. 7-6 The positive public opinion diagram of new energy vehicle consumers inenterprise A

者对产品信赖度。所以，对于 AB 绿色供应链上的供应商 B 来说，动力电池性能提升能够提升电动车整体性能，这也是绿色环保的最重要的环节，需要动力电池全产业链的共同配合。企业 B 要通过加强绿色创新、增加绿色创新投入才有助于提高产品的安全性、可靠性和经济性，才有助于取得未来市场的进一步突破。

（3）政府角度

通过上文发现，2022 年政府补贴 AB 绿色供应链的最优额度为 6.45 亿，单位产品平均约为 0.72 万元。补贴的总额略有提高，但是单位产品补贴额度有大幅下降，这也符合我国对新能源汽车产品补贴的退坡政策，这主要是由于新能源汽车产业迅猛发展，消费者的购买意愿不断提升，虽然单位产品补贴额度下降，但是对产业的创新投入的补贴力度是加强的。为加快新能源汽车产业发展，需要政府保持对新能源汽车产业的资金支持，政府补贴政策能够降低消费者的购车成本，提升新能源汽车的销量，为新能源汽车产业的发展增添动力。但是需要优化政府补贴的配置结构，要精准施策，提高政府对新能源汽车补贴的实施效率。完善新能源汽车技术成果的奖励机制，构建研发补贴资金管理体系，提升政府补贴对新能源汽车发展的刺激效果。

政府需要进一步加强新能源汽车法律法规建设，通过政府规制切实推行新能源汽车创新的各项政策。要实施技术扶持政策，积极发挥创新联盟的领导作用，倡导"产学研"联盟创新模式，支持新能源汽车核心技术研发，重点扶持新能源利用率和低排放的汽车技术，推动新能源汽车的技术瓶颈的突破。为推动新能源汽车发展政府要起到引领示范作用，加大公共领域的投放数量，让消费者切身体验其更多经济和环境优势。要加强对充电桩等配套设施的建设与管理，增强新能源汽车消费者的应用性、便捷性和满意度，未来新能源汽车的发展一定会越来越成熟，传统燃油汽车将逐步退出历史舞台，完善的配套设施有助于加快新能源汽车的发展进程。配套设施建设是产业发展和开拓市场的必备要素。从人才储备到充电桩等配套设施建设，都要出台相应的扶持政策，争取使"中国制造"拓展到全球范围。

为推动新能源汽车的发展，政府可以加大对新能源汽车的采买力度，加大在公共交通领域的投放力度，以促使新能源汽车企业快速回笼资金，使企业有资金加大创新投入。要重视废旧电池的回收利用，出台相应的法规，建立和完善回收规划，促进企业在新能源汽车废旧电池回收利用方面的绿色创新。加强新能源汽车的质量管理，建设完善的法规和不断提高质检技术，减少消费者对新能源汽车的担忧。新能源汽车的推广也需要政府加强知识宣传，通过投放公益广告的形式进一步提升消费者的环保意识，也可以通过举办新能源汽车展会、论坛等培养潜在的消费者的绿色观念。

7.4　本章小结

本章首先介绍了新能源汽车的发展概况，然后介绍了 AB 新能源汽车动力电池供应链的企业背景。在此基础上，结合企业 A 与企业 B 的近两年的经营情况，对 AB 绿色供应链创新投入进行了分析，最后从供应链企业角度、消费者角度、政府角度给出了 AB 绿色供应链的绿色创新对策建议。本章的实证研究能为 AB 绿色供应链的绿色创新提供理论支持和决策参考。

结 论

本文的研究紧扣时代主题，无论在理论上还是实践上都有重要的意义，拓展了绿色供应链研究领域，研究结果将有助于绿色供应链企业决策者了解如何有效地实施绿色创新，有助于政府制定涉及环境问题的绿色供应链的促进政策。供应链各成员企业可以依据本文研究结果制定有效的创新投入策略，绿色供应链的创新投入不仅能够提升绿色绩效，还能够在满足消费者的绿色需求的同时提升企业的经济绩效。根据对绿色供应链与绿色创新的系统分析，构建了基于供应商和制造商的两级供应链系统的创新投入决策模型，应用博弈论和契约协调理论围绕绿色创新实施主体、不同主导模式以及公平偏好构建了绿色供应链创新投入决策模型，分析了企业创新投入策略；通过不同主导模式下的均衡结果分析，设计了"政府补贴＆收益共享—成本分担"契约，从而实现供应链协调，实现供应链成员企业利益最大化；引入公平偏好理论进一步拓展了本文的研究。研究结果表明：

（1）在非合作博弈下，无论谁实施绿色创新，绿色供应链整体利润都会提高。供应商和制造商在不知道对方的创新投入策略情况下，同时决策自身的最优策略，这样的决策结果就是供应商会实施绿色创新，而制造商在供应价格不变时会实施绿色创新，而在供应价格可变时不会实施绿色创新。

（2）在基于成本分担的合作绿色创新博弈下，发现制造商承担的供应商创新投入成本的最优分担比例为 $\frac{1}{3}$，此时能够实现供应链的协调，合作绿色创新能够实现供应商和制造商共赢。无论政府对绿色供应链的绿色创新是否补贴，绿色供应链上的供应商都有实施绿色创新的必要，政府补贴能够调动企业绿色创新的积极性，并且存在最优补贴系数。

（3）无论在供应商主导还是制造商主导模式下，政府的绿色补贴政策都能够改善供应链成员企业与系统整体的绩效。随着消费者对产品绿色度及销售努力水平敏感程度的增加，新产品的市场需求以及供应链成员企业与系统整体的利润都会随之增加。从供应链系统决策角度而言，绿色产品价格始终在制造商主导时更低；从供应链系统利润获取角度而言，供应商与制造商均在自身主导模式下获得更大利润，而系统总利润和创新投入则受到创新投入效率与销售努力效率的共同影响。

（4）对于具有公平偏好的制造商，当其对公平的偏好程度和对自身利益的关注程度不等时，不能够实现供应链整体利润的帕累托最优，均衡结果不能够实现对绿色供应链内部奖惩契约的协调。绿色供应链奖惩契约协调与公平偏好程度相关而与成员企业的渠道力量无关，而渠道力量相当最有利于实现供应链整体利润最大化，只有当双方渠道力量相当时，才能够使绿色供应链整体利润达到最大值，即当对公平的关注和对自身利益的关注相当时，才能够实现供应链整体利润达到最优值。

通过本文的研究，可以得出以下管理启示：

绿色供应链的绿色创新能够使供应链的经济绩效、环境绩效都得到了提升，制造商绿色创新更有利于绿色产业的发展，因此，制造商要积极地实施绿色创新策略，加强与上游供应商的交流与协商，探寻"收益共享—成本分担"的合作方式，合作要充分利用双方现有资源，共同参与，在知识资源协同的基础上实现创新能力的互补，激发绿色供应链外部经济效应，最终达到绿色供应链整体利润最大化。不断的加强沟通与合作，不断完善协同绿色创新，逐步深度整合。不断的完善收益分配机制，增强双方信誉，建立信息共享机制，提升互信程度。制造商与供应商合作时，可以考虑适当的增加供应商的收益分配比例，这样才能够调动供应商绿色创新的积极性，更有利于稳定供应商和制造商的合作关系，从而促进绿色供应链的健康可持续发展。强化"合作共赢"的意识，要在关注自身收益的同时，关注供应链上合作伙伴的利益，把合作伙伴当成自身企业的一部分，对合作伙伴利益关注与自身利益关注对等时，才能使"双赢"最大化。

政府的绿色补贴政策不仅有利于降低新产品价格、提高成员企业的绿色投入水平及销售努力水平，还能有效地扩大产品市场需求，改善供应链成员企业与系统整体绩效。需要通过不断地完善政府绿色补贴制度，优化政府补贴的配置结构，精准施策，提高政府对政府补贴的实施效率，提升政府补贴对绿色供应链创新投入的刺激效果。

本文研究的创新点主要有如下三个方面：

（1）以创新投入作为切入点，系统深入地研究绿色供应链创新投入决策及协调问题，构建了创新投入决策模型，分析了政府补贴、消费者偏好、创新投入成本对产品绿色度、产品价格、利润的影响关系，并得出了合作绿色创新下的最优成本分担系数和政府补贴系数。研究结果丰富和完善了绿色供应链创新投入决策研究的理论体系，所得结论对绿色供应链企业的创新投入决策和政府制定补贴政策有一定的指导意义。

（2）考虑制造商销售努力，提出了制造商主导、供应商主导的创新投入分散式决策模型，分析了制造商的销售努力效率和供应商的创新投入效率的大小关系对创新投入、产品价格、市场需求的影响。运用契约协调理论设计了"收益共享—成本分担"契约。实现了分散式决策下供应链利益的最大化以及制造商与供应商利益的帕累托改进，实现了供应商与制造商各自主导模式下的完美协调。

（3）分析公平偏好对绿色供应链创新投入决策的影响，在制造商具有公平偏好情况下，构建了以产品的绿色度为参考标准的奖惩契约的"ERC"改进模型；分析各参与主体渠道力量对绿色供应链的影响，并给出了奖惩契约下的协调策略。

本文从绿色供应链创新投入问题入手，分别从不同主导模式以及考虑公平偏好的绿色供应链创新投入决策与协调两个方面进行研究，分析了制造商与供应商的创新合作机制，双方只有充分合作，才能实现供应链利润的最大化。研究的问题还有一定的局限性，还需进一步从以下几个方面深入探讨：（1）本文着重分析的是市场需求确定下的情形，且假设成员企业间的信息是完全对称的，后续可以考虑研究随机需求下或非对称信息下绿色供应链创新投入决策与协调策略问题；（2）本文研究的绿色供应链系统是具有一个供应商和一个制造商的单链系统，在现实经济活动中，为了供应链安全，制造商会有多个能够提供相同原材料的供应商，供应商也会为多个制造商提供原材料，后续可以考虑将相关研究拓展到多条供应链或者竞争供应链上。

参考文献

［1］中华人民共和国生态环境部. 2020 年《中国生态环境状况公报》（摘录）［J］. 环境保护，2021，49（11）：47 – 68.

［2］HRISTEV，LLIYANA. RoHS and WEEE-The New European Directives：Do They Work and Why（Or Why Not）？Current Application and Development in the EU and USA［J］. European Environmental Law Review，2006，262 – 274.

［3］南德意志集团：中国市场"绿色"产品需求增势快速，充满商机［EB/OL］.2011［2011 – 01 – 26］. http：//www. prnasia. com/pr/2011/01/27/110082021. shtml.

［4］刘思彤. 平台经济驱动下电商 C2M 模式的发展：创新、困境及策略选择［J］. 财会月刊，2021，（11）：143 – 147.

［5］PORTER M E，LINDE C. Green and Competitive：Ending the Stalemate［J］. Harvard Business Review，1999，28（6）：128 – 129.

［6］RAMANATHAN R，RAMANATHAN U，BENTLEY Y. The Debate on Flexibility of Environmental Regulations，Innovation Capabilities and Financial Performance – A Novel Use of DEA［J］. Omega，2018，75：131 – 138.

［7］MODAK N M，PANDA S，Sana S S，et al. Corporate Social Responsibility，Coordination and Profit Distribution in a Dual-channel Supply Chain［J］. Pacific Science Review，2014，16：235 – 249.

［8］TESTA F, LRALDO F. Shadows and Lights of GSCM（Green Supply Chain Management）：Determinants and Effects of These Practices Based on a Multi-national Study［J］. Journal of Cleaner Production, 2010, 18（10 – 11）：953 – 962.

［9］DROHOMERETSKI E, COSTA S, LIMA E. Green Supply Chain Management：Drivers, Barriers and Practices Within the Brazilian Automotive Industry［J］. Journal of Manufacturing Technology Management, 2014, 25（8）：1105 – 1134.

［10］SINGH M P, CHAKRABORTY A, ROY M. The Link among Innovation Drivers, Green Innovation and Business Performance：Empirical Evidence from A Developing Economy［J］. World Review of Science Technology and Sustainable Development, 2017, 12（4）：316 – 334.

［11］SARKIS J. A Strategic Decision Framework for Green Supply Chain Management［J］. Journal of Cleaner Production, 2003, 11（4）：397 – 409.

［12］DUC D A, NGUYEN Q V, HOI L Q, et al. Green Supply Chain Management in Vietnam Industrial Zone：Province-Level Evidence［J］. The Journal of Asian Finance, Economics and Business, 2020, 7：403 – 412.

［13］JUM'A L, LKRAM M, ALKALHA Z, et al. Factors Affecting Managers' Intention to Adopt Green Supply Chain Management Practices：Evidence from Manufacturing Firms in Jordan［J］. Environmental Science and Pollution Research, 2021：1 – 17.

［14］AIMOVI S, MIJUKOVI V, TODOROVI-SPASENI A. The Influence of Organizational Culture on Supply Chain Integration［J］. Serbian Journal of Management, 2021, 16（1）：161 – 180.

［15］朱庆华, 赵清华. 绿色供应链管理及其绩效评价研究述评［J］. 科研管理, 2005, 26（4）：93 – 98.

［16］SANG M L, JIN S R, CHOI D, et al. Pressures Affecting Green Supply Chain Performance［J］. Management Decision, 2013, 51（8）：1753 – 1768.

［17］JAKHAR, KUMAR S. Designing the Green Supply Chain Performance Optimisation Model［J］. Global Journal of Flexible Systems Management, 2014, 15（3）：235 – 259.

［18］ENTERPRISES L. International Journal of Business Performance and Supply

Chain Modelling [J]. International Journal of Business & Management, 2009, 6 (8): 36 –47.

[19] ASLAM H, WASEEM M, KHURRAM M. Impact of Green Supply Chain Management Practices on Corporate Image: Mediating Role of Green Communications [J]. Pakistan Journal of Commerce & Social Sciences. 2019, 13 (3): 581 –598.

[20] COUSINS P D, LAWSON B, PETERSEN K J, et al. Investigating Green Supply Chain Management Practices and Performance: The Moderating Roles of Supply Chain Ecocentricity and Traceability [J]. International Journal of Operations & Production Management, 2019, 5: 767 –786.

[21] CHUANG S P. Assessing and Improving the Green Performance Using a Compound Approach [J]. Flexible Services and Manufacturing Journal, 2014, 26: 69 –91.

[22] DADDI T, LAKI H, MARRUCCI L, et al. The Effects of Green Supply Chain Management Capability on the Internalisation of Environmental Management Systems and Organisation Performance [J]. Corporate Social Responsibility and Environmental Management, 2021, 28 (4): 1241 –1253.

[23] 王凯旋, 杨玉中. 绿色农产品供应链绩效评价的灰色聚类——模糊综合模型及应用 [J]. 数学的实践与认识, 2020, 50 (02): 111 –119.

[24] LU L Y, WU C, KUO T C. Environmental Principles Applicable to Green Supplier Evaluation by Using Multi-objective Decision Analysis [J]. International Journal of Production Research, 2007, 45 (18 –19): 4317 –4331.

[25] 郭媛媛, 杨斌. 基于低碳理念的绿色供应商选择模型 [J]. 安徽工业大学学报 (自科版), 2013, 30 (002): 208 –212.

[26] 徐建中, 孙颖, 孙晓光. 基于遗传搜索权重的模糊 C – 均值 – VIKOR 模型的绿色供应商选择 [J]. 统计与决策, 2021, 37 (04): 159 –163.

[27] GHOUSHCHI S J, MILAN M D, REZAEE M J. Evaluation and Selection of Sustainable Suppliers in Supply Chain Using New GP-DEA Model with Imprecise Data [J]. Journal of Industrial Engineering International, 2018, 14: 613 –625.

[28] AWASTHI A, CHAUHAN S S, GOYA S K. A Fuzzy Multicriteria Approach for Evaluating Environmental Performance of Suppliers [J]. International Jour-

nal of Production Economics, 2010, 126 (2): 370 – 378.

[29] CHUNG C J, WEE H M. Green-component Life-cycle Value on Design and Reverse Manufacturing in Semi-closed Supply Chain [J]. International Journal of Production Economics, 2008, 113 (2): 528 – 545.

[30] MOHAMMED A, WANG Q. The Fuzzy Multi-objective Distribution Planner for a Green Meat Supply Chain [J]. International Journal of Production Economics, 2017, 184: 47 – 58.

[31] NAKHJIRKAN S, RAFIEI F M. An Integrated Multi-echelon Supply Chain Network Design Considering Stochastic Demand: A Genetic Algorithm Based Solution [J]. Promet Traffic Traffico, 2017, 29 (4): 391.

[32] HE Q, WANG N, YANG Z, et al. Competitive Collection under Channel Inconvenience in Closed-loop Supply Chain [J]. European Journal of Operational Research, 2019, 275 (1): 155 – 166.

[33] GENC T S, DE GIOVANNI P. Optimal Return and Rebate Mechanism in a Closed-loop Supply Chain Game. European Journal of Operational Research, 2018, 269 (2): 661 – 681.

[34] 李建斌, 朱梦萍, 戴宾. 基于在线报价与固定价格的闭环供应链最优决策研究 [J]. 中国管理科学, 2016, 24 (10): 105 – 116.

[35] 高举红, 韩红帅, 侯丽婷, 等. 考虑产品绿色度和销售努力水平的零售商主导型闭环供应链决策研究 [J]. 管理评论, 2015, 27 (4): 187 – 196.

[36] 杨渠, 窦祥胜. 基于风险规避的绿色供应链定价研究 [J]. 工业工程, 2018, 21 (5): 44 – 53.

[37] YUN H, IP K. Green Supply Chain Coordination-A Game Theoretic Approach [J]. Springer Berlin Heidelberg, 2014: 625 – 633.

[38] GHOSH P K, MANNA A K, DEY J K, et al. Supply Chain Coordination Model for Green Product with Different Payment Strategies: A Game Theoretic Approach [J]. Journal of Cleaner Production, 2021, 290 (2): 125734.

[39] MADANI S R, RASTI B M. Sustainable Supply Chain Management with Pricing, Greening and Governmental Tariffs Determining Strategies: A Game-theoretic Approach [J]. Computers & Industrial Engineering, 2017, 105: 287 – 298.

［40］RAZA S A. Supply Chain Coordination under a Revenue-sharing Contract with Corporate Social Responsibility and Partial Demand Information ［J］. International Journal of Production Economics, 2018, 205: 1 – 14.

［41］GIRI B C, MONDAL C, MAITI T. Analysing a Closed-loop Supply Chain with Selling Price, Warranty Period and Green Sensitive Consumer Demand under Revenue Sharing Contract ［J］. Journal of Cleaner Production, 2018, 190: 822 – 837.

［42］ZHEN L, HUANG L, WANG W. Green and Sustainable Closed-loop Supply Chain Network Design under Uncertainty ［J］. Journal of Cleaner Production, 2019, 227: 1195 – 1209.

［43］HONG Z, GUO X. Green Product Supply Chain Contracts Considering Environmental Responsibilities-Science Direct ［J］. Omega, 2019, 83: 155 – 166.

［44］GEMA A, ANTONIO L, GABRIEL C. The Antecedents of Green Innovation Performance: A Model of Learning and Capabilities ［J］. Journal of Business Research, 2016, 69 (11): 4912 – 4917.

［45］LEE K H, KIM J W. Integrating Suppliers into Green Product Innovation Development: An Empirical Case Study in the Semiconductor Industry ［J］. Business Strategy & The Environment, 2011, 20 (8): 527 – 538.

［46］BLA B, WILEY J, ENVIRONMENT E. Innovation towards Sustainable Economy—the Integration of Economy and Ecology in Companies ［J］. Sustainable Development, 1998, 6: 49 – 58.

［47］JENS H. Determinants of Environmental Innovation—New Evidence from German Panel Data Sources ［J］. Research Policy, 2006, 37 (1): 163 – 173.

［48］TSENG M L, WANG R, CHIU A, et al. Improving Performance of Green Innovation Practices under Uncertainty ［J］. Journal of Cleaner Production, 2013, 40: 71 – 82.

［49］SINGH M P, CHAKRABORTY A, ROY M. The Link among Innovation Drivers, Green Innovation and Business Performance: Empirical Evidence from a Developing Economy ［J］. World Review of Science Technology and Sustainable Development, 2017, 12 (4): 316 – 334.

［50］NIESTEN E, JOLINK A, JABBOUR A, et al. Sustainable Collaboration:

The Impact of Governance and Institutions on Sustainable Performance〔J〕. Journal of Cleaner Production, 2017, 155: 1 –6.

〔51〕TRIGUERO A, L MORENO-MONDÉJAR, DAVIA M A. Drivers of Different Types of Eco-innovation in European SMEs〔J〕. Ecological Economics, 2013, 92: 25 –33.

〔52〕UMAR B, ROBERT D. Mediating Effects of Green Innovations on Interfirm Cooperation〔J〕. Australasian Marketing Journal, 2017, 25 (2): 149 –156.

〔53〕HALL J. Environmental Supply-chain Innovation〔J〕. Greener Management International, 2001, 35: 105 –119.

〔54〕TORUGSA N A, O'DONOHUE W, HECKER R. Proactive CSR: An Empirical Analysis of the Role of Its Economic, Social and Environmental Dimensions on the Association between Capabilities and Performance〔J〕. Journal of Business Ethics, 2013, 115 (2): 383 –402.

〔55〕MARCON A, MEDEIROS J, RIBEIRO J. Innovation and Environmentally Sustainable Economy: Identifying the Best Practices Developed by Multinationals in Brazil〔J〕. Journal of Cleaner Production, 2017, 160: 83 –97.

〔56〕LISA M. Customer and Supplier Collaboration in Green Product Innovation: External and Internal Capabilities〔J〕. Business Strategy and the Environment, 2018, 27 (6): 677 –693.

〔57〕WU G C. The Influence of Green Supply Chain Integration and Environmental Uncertainty on Green Innovation in Taiwan's IT Industry〔J〕. Supply Chain Management, 2013, 18 (5): 539 –552.

〔58〕夏媛, 绿色供应链管理与绿色创新的关系研究〔J〕. 技术与创新管理, 2020, 41 (2): 148 –153 +166.

〔59〕马媛, 侯贵生, 尹华. 绿色创新与企业收益的关系研究——基于组织能力的中介作用〔J〕. 技术与创新管理, 2018, 3 (01): 117 –123.

〔60〕KHAN N U, ANWAR M, LI S, et al. Intellectual Capital, Financial Resources, and Green Supply Chain Management as Predictors of Financial and Environmental Performance〔J〕. Environmental Science and Pollution Research, 2021, 28 (16): 19755 –19767.

［61］LIU Z L, ANDERSON T D, CRUZ J M. Consumer Environmental Aware-ness and Competition in Two-stage Supply Chains ［J］. European Journal of Opera-tional Research, 2012, 218 (3): 602 – 613.

［62］YONG G. Market Demand, Green Product Innovation, and Firm Perform-ance: Evidence from Vietnam Motorcycle Industry ［J］. Journal of Cleaner Produc-tion, 2013, 40: 101 – 107.

［63］姜明君, 陈东彦. 公平偏好下绿色供应链收益分享与绿色创新投入研究 ［J］. 控制与决策, 2020, 35 (6): 1463 – 1468.

［64］WU A, LI T. Gaining Sustainable Development by Green Supply Chain In-novation: Perspectives of Specific Investments and Stakeholder Engagement ［J］. Business Strategy and the Environment, 2020, 29: 962 – 975.

［65］SAUNILA M, UKKO J, RANTALA T. Sustainability As a Driver of Green Innovation Investment and Exploitation ［J］. Journal of Cleaner Production, 2018, 179: 631 – 641.

［66］SONG M, TAO J, WANG S. FDI, Technology Spillovers and Green Inno-vation in China: Analysis Based on Data Envelopment Analysis ［J］. Annals of Oper-ations Research, 2015, 228: 47 – 64.

［67］FEHR E, SCHMIDT K M, et al. A Theory of Fairness, Competition, and Cooperation ［J］. The Quarterly Journal of Economics, 1999, 114 (3): 817 – 868.

［68］BOLTON G E, OCKENFELS A. ERC: A Theory of Equity, Reciprocity, and Competition ［J］. American Economic Review, 2000, 90 (1): 166 – 193.

［69］ZHOU M, GOVINDAN K, XIE X. How Fairness Perceptions, Embedded-ness, and Knowledge Sharing Drive Green Innovation in Sustainable Supply Chains: An Equity Theory and Network Perspective to Achieve Sustainable Development Goals-Science Direct ［J］. Journal of Cleaner Production, 2020, 260 (7): 120 – 135.

［70］SANG S. Optimal Policies in a Green Supply Chain with Reference Price Effect and Fairness Concern ［J］. IAENG International Journal of Applied Mathemat-ics, 2019, 48 (4): 466 – 474.

［71］LI Q, XIAO T, QIU Y. Price and Carbon Emission Reduction Decisions and Revenue-sharing Contract Considering Fairness Concerns ［J］. Journal of Cleaner

Production, 2018, 190: 303 – 314.

［72］LIU Y. Optimal Decisions with Fairness Concerns in Green Supply Chain ［C］. 4th ICCE International Conference on Social Science, Paris, France, 2018: 143 – 148

［73］SHARMA A , JAIN D, YEUNG D W K. Game—Theoretic Analysis of Green Supply Chain Under Cost-Sharing Contract with Fairness Concerns ［J］. International Game Theory Review, 2021, 23 (2): 1 – 32.

［74］JIAN J, LI B, ZHANG N, et al. Decision-making and Coordination of Green Closed-loop Supply Chain with Fairness Concern ［J］. Journal of Cleaner Production, 2021 (1): 126779.

［75］黄嘉敏. 不同主导模式下考虑公平因素的绿色供应链博弈与协调 ［D］. 广东: 华南理工大学, 2019: 35 – 46.

［76］林志炳, 周伟涛. 公平偏好下零售商绿色推广策略研究 ［J］. 工业工程与管理, 2021, 26 (3): 150 – 159.

［77］AKSEN D, ARAS N, AYşe GÖNÜL KARAARSLAN. Design and Analysis of Government Subsidized Collection Systems for Incentive-dependent Returns ［J］. International Journal of Production Economics, 2009, 119 (2): 308 – 327.

［78］CHEN Y, CHANG K. The Nonlinear Effect of Green Innovation on the Corporate Competitive Advantage ［J］. Quality & Quantity, 2013, 47 (1): 271 – 286.

［79］陈婉婷, 胡志华, 俞超. 不同政府目标决策下具有奖惩机制的绿色供应链模型 ［J］. 控制与决策, 2020, 35 (2): 427 – 435.

［80］金基瑶, 杜建国, 金帅, 等. 消费者环境创新偏好下政府环境补贴对供应链绩效的影响—基于本土和 FDI 生产型企业竞争的视角 ［J］. 系统管理学报, 2020 (4): 657 – 667.

［81］张红, 黄嘉敏, 崔琰琰. 考虑政府补贴下具有公平偏好的绿色供应链博弈模型及契约协调研究 ［J］. 工业技术经济, 2018, 37 (1): 111 – 121.

［82］MAHMOUDI A, SHISHEBORI D. The Dual-channel Green Supply Chain Performance under Government Monitoring: A Game Theoretic Approach ［J］. Advance in Industrial Engineering, 2020, 54 (4): 423 – 446.

[83] ZHANG H, XU X, LIU W, et al. Green Supply Chain Decision Modeling under Financial Policy, with or without Uniform Government Emission Reduction Policy [J]. Managerial and Decision Economics, 2020, 41 (6): 1040 – 1056.

[84] MENG Q, LI M, LIU W, et al. Pricing Policies of Dual-channel Green Supply Chain: Considering Government Subsidies and Consumers' Dual Preferences [J]. Sustainable Production and Consumption, 2021, 26 (6): 1021 – 1030.

[85] SU C, LIU X, DU W. Green Supply Chain Decisions Considering Consumers' Low-Carbon Awareness under Different Government Subsidies [J]. Sustainability, 2020, 12 (6): 1 – 12.

[86] NIELSEN I E, MAJUMDER S, SANA S S, et al. Comparative Analysis of Government Incentives and Game Structures on Single and Two-period Green Supply Chain [J]. Journal of Cleaner Production, 2019, 235: 1371 – 1398.

[87] HANDFIELD R B, WALTON S V, GOIZUETA R C, et al. Green Supply Chain: Best Practices from the Furniture Industry [C]. Proceedings, Annual Meeting of the Decision Science Institue, USA, 1996: 1295 – 1297.

[88] WALTON S V, HANDFIELD R B, MELNYK S A. The Green Supply Chain: Integrating Suppliers into Environmental Management Processes [J]. Journal of Supply Chain Management, 1998, 34: 2 – 11.

[89] SARKIS J. Theory and Methodology Evaluating Environmentally Conscious Business Practices [J]. European Journal of Operational Research, 1998, 107: 159 – 174.

[90] HANDFIELD R B, RAGATZ G L, PETERSEN K J. Involving Suppliers in New Product Development [J]. California Management Review, 1999, 42 (1): 59 – 82.

[91] 但斌, 刘飞. 绿色供应链及其体系结构研究 [J]. 中国机械工程, 2000, (11): 1232 – 1234.

[92] BERNAUER T, KOUBI V. Political Determinants of Environmental Quality [J]. Ecological Economics, 2009, 68: 1355 – 1365.

[93] CHEN Y S. The Driver of Green Innovation and Green Image-green Core Competence [J]. Journal of Business Ethics, 2008, 81 (3): 531 – 543.

［94］刘红旗，陈世兴. 产品绿色度的综合评价模型和方法体系［J］. 中国机械工程，2000，（9）：1013 –1016.

［95］NIE P Y, WEN H X, WANG C. Cooperative Green Innovation ［J］. Environmental Science and Pollution Research，2022，29（20）：30150 –30158.

［96］LEE V H, OOI K B, CHONG Y L, et al. Creating Technological Innovation via Green Supply Chain Management：An Empirical Analysis ［J］. Expert Systems with Applicationgs，2014，41（16）：6983 –6994.

［97］BURKI U, DAHLSTROM R. Mediating Effects of Green Innovations on Interfirm Cooperation ［J］. Australasian Marketing Journal，2017，25（2）：149 –156.

［98］STEFAN A, PAUL L. Does it Pay to be Green? A Systematic Overview ［J］. The Academy of Management Perspectives，2019，22（4）：45 –62.

［99］ZAND F, YANGHOUBI S. Effects of a Dominant Retailer on Green Supply Chain Activities with Government Cooperation ［J］. Environment，Development and Sustainability：A Multidisciplinary Approach to the Theory and Practice of Sustainable Development，2022，24：1313 –1334.

［100］TARIG K, SUHAIZA Z, RAMAYAH T. Customer and Supplier Collaboration in Green Product Innovation：External and Internal Capabilities ［J］. Business Strategy and the Environment，2018，27（6）：677 –693.

［101］CHIOU T Y, CHAN H K, LETTICE F, et al. The Influence of Greening the Suppliers and Green Innovation on Environmental Performance and Competitive Advantage in Taiwan ［J］. Transportation Research Part E Logistics & Transportation Review，2011，47（6）：822 –836.

［102］CHAN T Y , WONG C , LAI K H, et al. Green Service：Construct Development and Measurement Validation ［J］. Production & Operations Management，2016，25（3）：432 –457.

［103］MANGLA S K, KUMAR P, BARUA M K. A Flexible Decision Framework for Building Risk Mitigation Strategies in Green Supply Chain Using SAP-LAP and IRP Approaches ［J］. Global Journal of Flexible Systems Management，2014，15（3）：203 –218.

［104］OLIVEIRA T, THOMAS M, ESPADANAL M. Assessing the Determinants of Cloud Computing Adoption：An Analysis of the Manufacturing and Services Sectors ［J］. Information & Management, 2014, 51（5）：497 – 510.

［105］REN S, HAO Y, WU H. How Does Green Investment Affect Environmental Pollution? Evidence from China ［J］. Environmental & Resource Economics, 2022, 81：25 – 51.

［106］LIAO S H, FEI W C, LIU C T. Relationships between Knowledge Inertia, Organizational Learning and Organization Innovation ［J］. Technovation, 2008, 28（4）：183 – 195.

［107］黄进. 运用环境管理体系标准助力绿色供应链管理相关政策制度的实施 ［J］. 标准科学, 2017（4）：33 – 38.

［108］CHOUDHARY K, SANGWAN K S. Benchmarking Indian Ceramic Enterprises Based on Green Supply Chain Management Pressures, Practices and Performance ［J］. Benchmarking, 2018, 25（9）：3628 – 3653.

［109］SONG M, TAO J, WANG S. FDI, Technology Spillovers and Green Innovation in China：Analysis Based on Data Envelopment Analysis ［J］. Annals of Operations Research, 2015, 228：47 – 64.

［110］CHEN C K, ULYA M A. Analyses of the Reward-penalty Mechanism in Green Closed-loop Supply Chains with Product Remanufacturing ［J］. International Journal of Production Economics, 2019, 210：211 – 223.

［111］ROPER S, TAPINOS E. Taking Risks in the Face of Uncertainty：An Exploratory Analysis of Green Innovation ［J］. Technological Forecasting & Social Change, 2016, 112：357 – 363.

［112］HOJNIK J, RUZZIER M. What Drives Eco-innovation? A Review of an Emerging Literature ［J］. Environmental Innovation & Societal Transitions, 2016, 19：31 – 41.

［113］GHISETTI C, PONTONI F. Investigating Policy and R & D Effects on Environmental Innovation：A Meta-analysis ［J］. Ecological Economics, 2015, 118：57 – 66.

［114］JEONGHO C. Mitigating the Challenges of Partner Knowledge Diversity

While Enhancing Research & Development（R&D）Alliance Performance：The Role of Alliance Governance Mechanisms［J］. Journal of Product Innovation Management，2020，37（1）：26 –47.

［115］REGIEN S, WENDY V, ARJAN V, et al. Fostering Incremental and Radical Innovation Through Performance-based Contracting in Buyer-supplier Relationships［J］. International Journal of Operations & Production Management，2016，36（11）：1482 –1503.

［116］HONG J, ZHENG R, DENG H, et al. Green Supply Chain Collaborative Innovation，Absorptive Capacity and Innovation Performance：Evidence from China ［J］. Journal of Cleaner Production，2019，241：118377. 1 –118377. 13.

［117］RECHE A Y U, JUNIOR O C, SZEJKA A L, et al. Proposal for a Preliminary Model of Integrated Product Development Process Oriented by Green Supply Chain Management ［J］. Sustainability，2022，14：1 –27.

［118］INDRIANTO A P, KUSMANTINI T, SUGANDINI D. Green Capabilities Mediate the Effect of Green Supply Chain Management Practices on Farmers Business Performance and Vegetable Non-Pesticide（Study on Lestari Women Farmer Group in Bantul Regency） ［J］. Technium Social Sciences Journal，2022，27（1）：639 –658.

［119］JIANG X, WANG L, CAO B, et al. Benefit Distribution and Stability Analysis of Enterprises' Technological Innovation Cooperation Alliance ［J］. Computers & Industrial Engineering，2021，161（5）：107637.

［120］DENG Y. Research on Financial Benefit Distribution of Supply Chain Finance Based on Risk Factor ［J］. IOP Conference Series Materials Science and Engineering，2019，688：044046.

［121］李雷，杨怀珍，冯中伟. 供应链上游段 VMI&TPL 模式的利益分配机制——基于最大熵值法与正交投影法的整合视角 ［J］. 系统管理学报，2020，29（2）：400 –408.

［122］MARQUEZ G, GAGO R. Bargaining Power as Moderator of the "Delay Costs Effect" in Supply Chain Negotiations ［J］. Management Accounting Research，2021，51：100737.

［123］张维迎. 博弈论与信息经济学［M］. 上海：上海人民出版社，2004：65 - 87.

［124］LUO Y, SALMAN M, LU Z. Heterogeneous Impacts of Environmental Regulations and Foreign Direct Investment on Green Innovation Across Different Regions in China［J］. Science of The Total Environment, 2021, 759 (2): 143744.

［125］DU Q, HHANG Y, XU Y, et al. Benefit Allocation in the Construction Supply Chain Considering Carbon Emissions［J］. Polish Journal of Environmental Studies, 2019, 28 (5): 3697 - 3709.

［126］SHA J, ZHENG S. Revenue Distribution of Hybrid Channel Supply Chain Based on Modified Shapley Value with Cost［J］. Discrete Dynamics in Nature and Society, 2021, 2021: 1 - 8.

［127］CUONG T N, KIM H S, NGUYEN D A, et al. Nonlinear Analysis and Active Management of Production-distribution in Nonlinear Supply Chain Model Using Sliding Mode Control Theory［J］. Applied Mathematical Modelling, 2021, 97 (4): 418 - 437.

［128］邵灵芝. 互补产品供应链的绿色创新与定价决策研究［J］. 生态经济, 2021, 37 (10): 60 - 68.

［129］杨晓辉，游达明. 考虑消费者环保意识与政府补贴的企业绿色技术创新决策研究［J］. 中国管理科学. https://doi. org/10. 16381/j. cnki. issn1003 - 207x. 2020. 0311.

［130］LI B, ZHU M Y, JIANG Y S, et al. Pricing Policies of a Competitive Dual-channel Green Supply Chain［J］. Journal of Cleaner Production, 2016, 112: 2029 - 2042.

［131］MENG Q, LI M, LIU W, et al. Pricing Policies of Dual-channel Green Supply Chain: Considering Government Subsidies and Consumers' Dual Preferences［J］. Sustainable Production and Consumption, 2021, 26 (6): 1021 - 1030.

［132］SWAMI S, SHAH J. Channel Coordination in Green Supply Chain Management: The Case of Package Size and Shelf-space Allocation［J］. Technology Operation Management, 2011, 2 (1): 50 - 59.

［133］DAI R, ZHANG J, TANG W. Cartelization or Cost-sharing? Comparison

of Cooperation Modes in a Green Supply Chain［J］. Journal of Cleaner Production, 2017, 156: 159 – 173.

［134］李芹芹. 绿色供应链企业的定价与绿色创新决策研究［D］. 安徽: 中国科学技术大学, 2015: 25 – 36.

［135］ZHU G, LI J, ZHANG Y, et al. Differential Game Analysis of the Green Innovation Cooperation in Supply Chain under the Background of Dual-Driving［J］. Mathematical Problems in Engineering, 2021, 2021（1）: 1 – 15.

［136］温兴琦, 程海芳, 蔡建湖, 等. 绿色供应链中政府补贴策略及效果分析［J］. 管理学报, 2018, 15（4）: 625 – 632.

［137］WANG Z, LIU S. Supply Chain Coordination under Trade Credit and Quantity Discount with Sales Effort Effects［J］. Mathematical Problems in Engineering, 2018: 1 – 15.

［138］LIU P. Pricing and Coordination Strategies of Dual-channel Green Supply Chain Considering Products Green Degree and Channel Environment Sustainability［J］. International Journal of Sustainable Engineering, 2019, 12（6）: 404 – 414.

［139］DAS D, DUTTA P. Design and Analysis of a Closed-loop Supply Chain in Presence of Promotional Offer［J］. International Journal of Production Research, 2015, 53（1）: 141 – 165.

［140］SHI J. Sales Effort and Coordination in an O2O Supply Chain with Two-period of Marketing［J］. Open Journal of Business and Management, 2020, 8（3）: 1020 – 1033.

［141］MA P, LI K W, WANG Z J. Pricing Decisions in Closed-loop Supply Chains with Marketing Effort and Fairness Concerns［J］. International Journal of Production Research, 2017, 55（22）: 6710 – 6731.

［142］RAMAYAH T, LEE J, MOHAMAD O. Green Product Purchase Intention: Some Insights from a Developing Country［J］. Resources, Conservation and Recycling, 2010, 54（12）: 1419 – 1427.

［143］CHITRA K. In Search of the Green Consumers: A Perceptual Study［J］. Journal of Services Research, 2007, 7（1）: 173 – 191.

［144］YUE J, AUSTIN H Z, CHEN B. Pricing and Advertisement in a Manufacturer- retailer Supply Chain ［J］. European Journal of Operational Research，2013，231（2）：492 － 502.

［145］WALTHO C，ELHEDHLI S，GZARA F. Green Supply Chain Network Design：A Review Focused on Policy Adoption and Emission Quantification ［J］. International Journal of Production Economics，2019，208：305 － 318.

［146］韩同银，刘丽，金浩. 考虑政府补贴和公平关切的双渠道绿色供应链决策研究 ［J］. 中国管理科学. https：//doi. org/10. 16381/j. cnki. issn1003 － 207x. 2020. 2364

［147］杨浩雄，关晓琳. 考虑公平关切的绿色供应链决策研究 ［J］. 商业研究，2019，（10）：1 － 10.

［148］周永圣，梁淑慧. 供应链中绿色技术创新合作的演化博弈分析 ［J］. 江西师范大学学报（自然科学版），2017，41（1）：28 － 34.

［149］CHIUC H，CHOI T M，TANG C S. Price，Rebate，and Returns Supply Contracts for Coordinating Supply Chains with Price-dependent Demands ［J］. Production & Operations Management，2010，20（1）：81 － 91.

［150］闫峰，梁工谦，刘昕，等. 公平偏好下考虑供应商质量投入的供应链契约协调 ［J］. 运筹与管理，2018，27（3）：50 － 58.

［151］BRUNI L，GILLI M，PELLIGRA V. Reciprocity：Theory and Facts ［J］. International Review of Economics，2008，55：1 － 11.

［152］KAHNEMAN D，TVERSKY A. Prospect Theory：An Analysis of Decision under Risk Econometrica ［J］. Journal of the Econometric Society，1979，47（2）：263 － 291.

［153］苌瑞锋，孙力，金鹏. 我国电动汽车碳排放量计算方法的探讨 ［C］. 2011 中国电工技术学会学术年会论文集，北京，中国，2011：223 － 225.

［154］GU X，LEROMONACHOU P，ZHOU L，et al. Developing Pricing Strategy to Optimise Total Profits in an Electric Vehicle Battery Closed Loop Supply Chain ［J］. Journal of Cleaner Production，2018，203：376 － 385.

［155］龚本刚，高一凌，刘志，等. 政府基金政策下动力电池闭环供应链回收渠道选择 ［J］. 计算机集成制造系统. https：//kns. cnki. net/kcms/detail/11. 5946. tp. 20210911. 1259. 004. html